www.ingramcontent.com/pod-product-compliance
Lightning Source LLC
LaVergne TN
LVHW010608070526
838199LV00063BA/5115
9789358723397

تعلیم اور ادب و فن کے رشتے

(مضامین)

احمد ندیم قاسمی

© Ahmad Nadeem Qasmi

Taleem aur Adab-o-Fan ke Rishte (Essays)
by: Ahmad Nadeem Qasmi
Edition: February '2024
Publisher :
Taemeer Publications LLC (Michigan, USA / Hyderabad, India)

ISBN 978-93-5872-339-7
9 789358 723397

مصنف یا ناشر کی پیشگی اجازت کے بغیر اس کتاب کا کوئی بھی حصہ کسی بھی شکل میں بشمول ویب سائٹ پر اَپ لوڈنگ کے لیے استعمال نہ کیا جائے۔ نیز اس کتاب پر کسی بھی قسم کے تنازع کو نمٹانے کا اختیار صرف حیدرآباد (تلنگانہ) کی عدلیہ کو ہو گا۔

© احمد ندیم قاسمی

کتاب	:	**تعلیم اور ادب و فن کے رشتے** (مضامین)
مصنف	:	**احمد ندیم قاسمی**
کمپوزنگ	:	محمد وارث
تدوین / پروف ریڈنگ	:	اعجاز عبید
صنف	:	غیر افسانوی نثر
ناشر	:	تعمیر پبلی کیشنز (حیدرآباد، انڈیا)
سالِ اشاعت	:	۲۰۲۴ء
صفحات	:	۷۴
سرورق ڈیزائن	:	تعمیر ویب ڈیزائن

فہرست

تعارف	محمد وارث		6
(۱)	بچوں کا ادب		8
(۲)	پاکستانی بچوں کے لیے کتابیں		17
(۳)	ادب کی تعلیم اور اساتذہ		23
(۴)	ادب کی تعلیم کا مسئلہ		28
(۵)	نصابِ تعلیم میں سے اقبال کا اخراج		34
(۶)	پاکستان کی نئی نسل اور جدید ادب		39
(۷)	شعر و شاعری کا فائدہ		47
(۸)	فن کا اثبات		54
(۹)	مادی ترقی اور قومی ثقافت		60
(۱۰)	سائنس کے اثبات کے لیے شاعری کی نفی کیوں؟		67

تعارف

احمد ندیم قاسمی مرحوم کی ذات کسی تعارف کی محتاج نہیں، آپ ایک ہمہ جہتی شخصیت تھے، شاعر، افسانہ نویس، مدیر، صحافی اور ماہرِ تعلیم۔

مذکورہ کتاب، قاسمی صاحب کے دس فکر انگیز مضامین پر مشتمل ہے جو انہوں نے پچھلی صدی میں ساٹھ اور ستر کی دہائیوں میں تحریر کیے۔ یہ کتاب "تحقیقی و ترقیاتی مرکز برائے نصابِ تعلیم، محکمہ تعلیم، پنجاب" کے اہتمام سے شائع ہوئی تھی۔ کتاب میں سنِ اشاعت تو نہیں لکھا ہوا لیکن قرائن سے معلوم ہوتا ہے کہ 1973 میں چھپی ہو گی۔

یہ کتاب چونکہ قاسمی صاحب نے محکمہء تعلیم کو بلا معاوضہ شائع کرنے کی اجازت دی تھی، اس لیے مجھے بہتر معلوم ہوا کہ اسکو دوبارہ کتابی شکل میں پیش کیا جائے تاکہ قاسمی صاحب کے یہ نادر و نایاب مضامین محفوظ رہ سکیں۔

گو کہ مضامین پرانے ہیں لیکن ان میں قاسمی صاحب نے جن حقائق کی طرف اشارہ کیا ہے اور ہمارے نظامِ تعلیم کی جن خامیوں کو اجاگر کیا ہے وہ نہ صرف اسی طرح موجود ہیں بلکہ شاید پہلے سے بھی بڑھ گئی ہیں اس لئے ان مضامین کی حقانیت ویسے ہی ہے جیسے کہ تیس، چالیس سال پہلے تھی۔

یہ مضامین، جیسے کہ کتاب کے نام سے ظاہر ہے، تعلیم، ادب اور فن کے متعلق ہیں۔ تعلیم میں بھی قاسمی صاحب نے بچوں کے تعلیم اور ان کے ادب کے متعلق خصوصی توجہ دلائی ہے، اور ہمارے نظامِ تعلیم کا یہ عجب المیہ ہے کہ بچوں کی تعلیم کے

حوالے سے جو مشکلات پچاس، ساٹھ سال پہلے تھیں وہ اب بھی ہیں، گو اب بچوں کو تعلیم دلانے کے مواقع اور وسائل پہلے کی نسبت بہت زیادہ ہیں، مگر "کمرشل ازم" نے اسکولوں کا حلیہ اور معیار بگاڑ کر رکھ دیا ہے۔

فن اور ادب کے حوالے سے بھی کافی دلچسپ مضامین آپ کو پڑھنے کو ملیں گے، خاص طور پر "شعر و شاعری کا فائدہ" اور دیگر۔

ان مضامین کو ٹائپ کرتے ہوئے ایک کام میں نے یہ کیا ہے کہ مضامین کے آخر میں انکی تحریر کا زمانہ لکھا ہوا تھا اسکو میں نے مضامین کے عنوان کے ساتھ شروع میں ہی دے دیا ہے تاکہ جو اعداد و شمار یا واقعات زمانی بعد سے تبدیل ہو چکے ہیں یا ماضی بعید کا حصہ بن چکے ہیں، وہ قارئین کو کسی قسم کی پریشانی میں نہ ڈال دیں اور پہلے ہی وضاحت ہو جائے۔

آخر میں قاسمی صاحب کا ایک خوبصورت شعر ان کے اپنے فن کے بارے میں:

صرف اک حسرتِ اظہار کے پرتو ہیں ندیم
میری غزلیں ہوں کہ نظمیں کہ فسانے میرے

(محمد وارث)

(۱) بچوں کا ادب

(دسمبر 1972 کو قومی تربیتی سیمینار لاہور میں پڑھا گیا)

ہم دنیا کی شاید واحد قوم ہیں جو اپنے بچوں کی اکثریت کی طرف سے مکمل طور پر غافل ہے۔ میں جب اپنی قوم کے بے شمار بچوں کو شہروں میں گندی نالیوں کے کنارے اور کوڑے کے ڈھیروں کے پاس، اور دیہات کی ویران گلیوں میں کھیلتا دیکھتا ہوں۔ اور جب میں محسوس کرتا ہوں کہ اس وقت میری قوم کے جتنے بچے مدرسوں مین بیٹھے پڑھ رہے ہیں، ان سے کئی گنا زیادہ بچے اپنے گھروں اور اپنے محلوں اور اپنے ملک کے پورے مستقبل کے لیئے عذاب بنے ہوئے ہیں، تو میں سوچتا ہوں کہ ہماری مثال اس شخص کی سی ہے جو اپنے زخموں پر حریر و دیبا کے پھاہے رکھ کر اپنے آپ کو اس خوش فہمی میں مبتلا کر لیتا ہے کہ وہ تو تندرست ہے۔ بعینہ ہم مدارس کی تعداد کا اعلان کرنے میں تو بہت تیز ہیں مگر ہماری شماریات کی حس ان بچوں کی گنتی پر قادر نہیں ہے جنہیں ہم نے یا ہمارے مروجہ نظامِ معیشت نے بڑی سیر چشمی کے ساتھ برباد ہونے کے لیے نظر انداز کر رکھا ہے۔

آج بھی ہم اپنے شہروں میں ہاتھ ہاتھ بھر کے بچوں کو سائیکلوں کے پہیوں میں ہوا بھرتے، بڑے بڑے کڑھاؤ مانجھتے، ورک شاپوں میں اپنے ہاتھ منہ سیاہ کئے کام کرتے اور بیگم صاحبہ کیلیئے گھر کا سودا لانے کی خاطر دوکانوں پر بھٹکتا دیکھتے ہیں تو اسے معمول کی بات سمجھتے ہیں اور یہ سوچنے کی زحمت گوارہ نہیں کرتے کہ ہم صرف پندرہ فیصد خواندہ قوم ہیں اور ہماری آبادی کا باقی پچاسی فیصد حصہ اپنے دستخط تک کرنے کا اہل نہیں ہے۔ ہم

اپنے جرم سے یہ کہہ کر بری الذمہ ہو جاتے ہیں کہ آخر ہمارے ملک کی معیشت زرعی ہے اور زراعت پیشہ آبادی کے لیئے پڑھا لکھا ہونا ضروری نہیں ہے کہ ہل چلانے اور فصل بونے وغیرہ کے لیئے کتابی علم کی کچھ ایسی ضرورت نہیں ہوتی۔ ایسا کہتے ہوئے ہم بھول جاتے ہیں کہ ہم سب ایک جمہوری مملکت کے افراد ہیں اور ہم میں سے ہر فرد کو سیاسی اور تہذیبی اور تاریخی لحاظ سے باشعور ہونا چاہیئے اور باشعور ہونے کے لیے خواندگی ضروری ہے اور صد فی صد خواندگی کے لیے اس نظامِ معیشت میں حقیقت پسندانہ اور عادلانہ انقلاب کی ضرورت ہے جس نے ہمارے پچاسی فیصد حصۂ جسم کو شل کر رکھا ہے۔ اس حقیقت سے کسی خود فریب شخص ہی کو انکار ہو گا کہ ہماری مستقبل کی نسلوں کی ہمہ گیر تربیت و اصلاح اور ان کے شعور و ادراک کا مسئلہ ہمارے نظامِ معیشت میں متوازن اور مناسب تبدیلیوں کا مسئلہ ہے۔ جب تک دولت کی منصفانہ تقسیم کا انتظام نہیں ہوتا اور جب تک ہر طبقے کے لوگوں کو آگے بڑھنے کے لیے یکساں مواقع میسر نہیں آتے، پاکستانی بچوں کی اکثریت یوں ہی سرگرداں رہے گی۔ اور نتیجتاً ہم اپنے مستقبل کے بارے میں خود اعتمادی کے ساتھ کوئی اندازہ نہیں لگا سکیں گے۔

ہمارے بچوں کی غالب اکثریت تو ذہنی طور پر یوں پراگندہ ہوئی لیکن بچوں کی جس معمولی اقلیت کو تعلیم کی سہولتیں حاصل ہیں ان کے ساتھ بھی ہمارا سلوک ایک آزاد قوم کے شایانِ شان نہیں ہے۔ ان کے لیے ہم نے جو طریقۂ تعلیم گھڑ رکھا ہے وہ انکی انفرادی صلاحیتوں کو ابھرنے ہی نہیں دیتا۔ ساتھ ہی ہم ان کے لیے نصاب کی جو کتابیں مرتب کرتے ہیں انہیں اگر مولانا محمد حسین آزاد کی مرتب کردہ نصابی کتابوں کے سامنے رکھ کر دیکھا جائے تو اگر ہم میں اخلاقی جرأت ہے تو ہمیں اعتراف کرنا پڑے گا کہ ہم بچوں کے لیے نصابی کتب مرتب کرنے کے معاملے میں مسلسل زوال پذیر رہے ہیں۔ ہمارے

موضوعات یقیناً بدل گئے ہیں لیکن ان موضوعات کے ساتھ شاید ہی کہیں انصاف ہوتا ہو۔ غیر ذمے داری انکی سطر سطر سے ٹپکی پڑ رہی ہے۔ یہ احساس کسی کو بھی نہیں کہ جب ہم کوئی نصابی کتاب مرتب کرتے ہیں تو دراصل اس طرح اپنے ملک اور اپنی قوم کے مستقبل کی تابانی میں اضافے کا سامان کرتے ہیں۔ پھر ان موضوعات پر لکھنے والوں کی نہ وہ زبان ہے، نہ بچے کی طرح سوچنے کی وہ حیرت اور معصومیت ہے اور نہ انکی نفسیات کا وہ لحاظ ہے جو کسی تحریر کو بچوں کے مطالعے کے قابل بناتا ہے۔ مولانا آزاد پچھلی صدی میں جو کچھ کر گئے تھے اس سے ایک قدم آگے بڑھنا تو بجائے خود رہا، ہم تو چند قدم پیچھے ہی ہیں۔ اور اس کی کوئی وجہ اگر سمجھ میں آتی ہے تو وہ صرف یہ ہے کہ ہم سب "ٹھیکے" پر کام کرنے کی ذہنیت کے اسیر ہیں۔ مقصد کے ساتھ وہ لگن ختم ہو چکی ہے جو معیاروں کے قائم رکھنے کی ضامن ہوتی ہے۔ چند گنے چنے مصنفین بچوں کی ہر نصابی کتاب میں موجود ہوتے ہیں اور انکی جو تحریریں منتخب کی جاتی ہیں ان کے انداز سے ظاہر ہوتا ہے کہ وہ محض بسلسلہ ضرورت لکھی گئی ہیں۔ یہی وجہ ہے کہ نظم ہو یا نثر، ان پر آورد مسلط ہوتی ہے اور ایک بھاری پن جو کسی تحریر کو ہضم کرنے کی راہ میں سب سے بڑی رکاوٹ ہے۔ یہ اپنی قوم کے بچوں کے ساتھ صاف اور صریح بد سلوکی ہے۔ جو لوگ بچوں کی کتابیں مرتب کرنے کے ٹھیکے دیتے ہیں اور وہ لوگ جو یہ ٹھیکے لیتے ہیں، سب ہماری "انٹیلیجنسیا" کے افراد ہیں۔ پھر جب ہمارا پڑھا لکھا طبقہ بھی اپنی قوم کے مستقبل کے سلسلے میں اس حد تک بے حسی کا شکار ہے تو ہم گلہ کریں تو کس سے کریں۔ ویسے ان حضرات کو یہ بتانا ہمارا فرض ہے کہ آپ کا یہ تساہل اور تغافل ملک دشمنی کے مترادف ہے، زندہ قوم کے افراد اپنے ملک کے بچوں کے نام پر دولت نہیں کماتے۔ وہ اپنا سب کچھ ان بچوں پر قربان کر دیتے ہیں۔ سو عرض یہ ہے کہ نصابی کتابیں یقیناً آپ ہی مرتب کیجئے اور سلسلے میں عام ٹینڈر

طلب کرنے کی ضرورت نہیں ہے مگر قوم اور اس کے مستقبل کے ساتھ مذاق نہ کیجیے کہ یہ قوم کچھ کر دکھانے کے لیے عالمِ وجود میں آئی ہے۔

نصابی کتابوں کے علاوہ بچوں کے لیے جو ادب تخلیق کیا جارہا ہے اس کا بیشتر حصہ کسی صورت میں بھی ہمارے بچوں کے مطالعے کے لائق نہیں ہے۔ اگر پاکستان کے ادباء اور ماہرینِ تعلیم از خود ایک کمیشن مقرر کر کے بچوں کے اس ادب کا جائزہ لیں جو ہر مہینے ڈھیروں میں شائع ہوتا ہے تو ان پر اور ان کے ذریعے پورے ملک پر یہ انکشاف ہو گا کہ اردو میں بچوں کے ادب نے ابھی گھٹنوں چلنا بھی نہیں سیکھا۔ بچوں کے جو شاعر ہیں انہیں یہی معلوم نہیں کہ کون سی بحر بچوں میں زیادہ مقبول ہو گی۔ ان سے یہ توقع رکھنا کہ وہ اپنی نظموں میں ایسی باتیں کہیں گے جو غیر شعوری طور پر بچے کے کردار کی تعمیر کریں گی، یکسر بیکار ہے، یہی عالم نثر نگاروں کا ہے ابھی تک جنوں بھوتوں نے ان کا پیچھا نہیں چھوڑا۔ بیشتر کتابوں میں وہی پرانے دیو ہتھیلی پر پہاڑ اٹھائے پھرتے ہیں۔ میں بچوں کی کتابوں کے ان کرداروں کا مخالف نہیں ہوں۔ اگر یہ کردار ظلم اور برائی کی نمائندگی کرتے ہی اور آخر کار انصاف اور نیکی کی قوتوں کے ہاتھوں انہیں شکست ہوتی ہے تو انہیں بچوں کے ادب سے خارج نہیں کرنا چاہیئے۔ مگر مصیبت یہ ہے کہ بے شمار گمنام مصنفین ان کرداروں سے بچوں کو محض ڈرانے کا کام لیتے ہیں۔ یہی عالم پریوں کا ہے۔ پری دنیا بھر کے بچوں کے ادب کا ایک نہایت پیارا کردار ہے۔ پری کا نام آتے ہی بچے کا ذہن خواب دیکھنے لگتا ہے اور جس ذہن سے خواب دیکھنے کی قوت سلب کرلی جائے وہ تخلیقی لحاظ سے ٹھس ہو کر رہ جاتا ہے، مگر ہمارے ہاں کی پری ہماری کہانیوں کے لیے مصیبت بن کر رہ گئی ہے۔ اس سے وہ کام کبھی نہیں لیا گیا جو مثلاً "ایلس ان ونڈر لینڈ" میں لیا گیا ہے۔ وہ پری ہمارے بچوں کو نہ ہنساتی ہے نہ گدگداتی ہے، نہ ان کے دلوں میں اڑنے اور اونچا

اڑنے، اور بھی اونچا اڑنے کی امنگ پیدا کرتی ہے۔ نہ رحمت بن کر آتی ہے کہ صحراؤں میں پھول کھلیں اور نہ شفقت بن کر ظاہر ہوتی ہے کہ مظلوموں اور مسکینوں کے آنسو پوچھیں۔ یہ پری تو بس شہزادے کی مدد سے دیو کو مارنے کے بعد شہزادے سے نکاح کر لیتی ہے اور کہانی ختم ہو جاتی ہے۔ ادب میں حقیقت پسندی کی تحریک کی برکت سے زندگی کے جیتے جاگتے کرداروں پر بچوں کی کہانیاں تعمیر کرنے کا رجحان بھی عام ہوا ہے۔ مگر صرف اس حد تک جیسے یہ کہانی بڑوں کے لیے لکھی گئی تھی، لیکن اب اس کی زبان کو سلیس بنا کر بچوں کے حوالے کر دیا گیا ہے کہ لو تم بھی پڑھ لو۔

بچوں کے لیے لکھنا یقیناً آسان کام نہیں ہے۔ مشہور ہے کہ مولانا محمد علی جوہر مرحوم اپنے اخبار "کامریڈ" کے بہت لمبے لمبے اداریے لکھتے تھے، کسی دوست نے عرض کیا کہ قبلہ، آپ مختصر اداریے کیوں نہیں لکھتے؟ مولانا نے جواب دیا: "مختصر اداریے لکھنے کا میرے پاس وقت نہیں ہوتا"۔ مولانا نے اس جواب میں اختصار کے ساتھ لکھنے کی دشواری کی طرف نہایت بلیغ اشارہ فرمایا۔ میں سمجھتا ہوں یہی عالم بچوں کے ادب کا ہے، عموماً یوں سوچا جاتا ہے کہ آخر بچوں کا ادب ہی تو ہے۔ مگر بچوں کے لیے بچہ بن کر، بچوں کی زبان اور لہجے میں بڑوں کا کوئی بات کہنا اتنا مشکل کام ہے کہ اگر ملک کے بیشتر بڑے بڑے ادیبوں کی بھد اڑانا مقصود ہو تو ان سے بچوں کے لیے ایک کہانی لکھنے کو کہیے اور پھر دیکھئے کہ یہ اشہبِ قلم کے شہسوار کیسی کیسی بھونڈی ٹھوکریں کھاتے ہیں۔ مگر اس کا یہ مطلب نہیں کہ پاکستان بھر میں بچوں کا ادب لکھنے والا کوئی ادیب ہے ہی نہیں۔ مصیبت صرف یہ ہے کہ بہت کم نے اس طرف توجہ کی ہے۔ توجہ نہ کرنے کا سبب یہ ہے کہ پوری قوم کا موڈ ہی بچوں سے اور اس لیے بچوں کے ادب سے غفلت برتنے کا ہے۔ جب اس معاملے میں ہر طرف رطب ویابس کی کی مانگ ہو تو کوئی بڑا ادیب اس سطح پر کیسے اترے؟

اور اگر اپنی سطح برقرار رکھے تو اسے چھاپے کون؟ لیکن اگر بڑے ادیب اس قسم کی رکاوٹوں کو بھی خاطر میں لائیں تو وہ بڑے کس طرف سے ہوئے؟ بڑے تو وہ ہوتے ہیں جو مروجہ ڈھرے سے ہٹ کر پوری جرأت اور خود اعتمادی کے ساتھ نئی راہیں تراشتے ہیں۔ یہ وہ لوگ ہیں جو تاریخ کے دھاروں کو موڑتے اور وقت کی رفتار کو پابند کر لیتے ہیں۔ پھر انہیں بچوں کا اچھا ادب پیدا کرنے سے کونسی طاقت روک سکتی ہے؟ یوں کہنا چاہیئے کہ وہ بھی اپنی قوم کی طرح بچوں کے سلسلے میں تساہل اور تغافل کا شکار ہیں اور یہ نہیں سوچتے کہ وہ بڑے ادب کی صورت میں جو کچھ لکھ رہے ہیں اسے مستقبل میں بہت کم لوگ پڑھیں گے کیونکہ اس وقت تک قوم کے ذوق کا معیار مکمل طور پر تباہ ہو چکا ہو گا۔

پاکستان کے شاعروں اور ادیبوں سے میری استدعا ہے کہ وہ بچوں کے لیے بھی لکھنے کی عادت ڈالیں، وہ نہیں لکھیں گے تو پھر وہی حضرات لکھتے رہیں گے جن کی تحریروں سے بچوں کی نصابی کتب مرتب ہوتی ہیں اور جن میں بچوں کے لیے صرف یہ کشش ہوتی ہے کہ وہ انہیں رٹ لیں گے تو سالانہ امتحان میں کامیاب ہو جائیں گے۔ بچوں کے کرداروں کی تعمیر صرف شاعر اور ادیب ہی کر سکتا ہے۔ مگر تعمیر کے لفظ سے میرے دوستوں کو کسی غلط فہمی میں مبتلا نہیں ہو جانا چاہیئے۔ میرا یہ مقصد ہرگز نہیں ہے کہ وہ پند و نصائح سے لبریز نظمیں اور کہانیاں لکھیں اور ہر نظم اور کہانی کے آخر میں ایک اخلاقی درس دیں یہ تو بچوں کو بور کرنے کا ایک طریقہ ہے۔ میں تو سمجھتا ہوں کہ وہ بچوں کو صرف ہنسا کر بھی ان کے ذہنوں کو گداز کر سکتے ہیں۔ مگر یہ ہنسی صحت مندانہ ہونی چاہیے۔ ابھی پچھلے دنوں میں نے بچوں کی ایک کہانی پڑھی جس میں چند بھائی اپنے چھوٹے بھائی سے نجات حاصل کرنا چاہتے ہیں، وہ اسے شادی کا لالچ دیکر لے جاتے ہیں۔ اور انکا ارادہ یہ ہوتا ہے کہ دریا پار کرتے ہوئے وہ چھوٹے بھائی کو پانی میں گرا دیں گے۔ چھوٹا بہت کائیاں ہے، وہ انکی

نیت بھانپ لیتا ہے اور کسی بہانے وہاں سے چلا آتا ہے، راستے میں وہ ایک گڈریے کو اپنا بھائی سمجھ کر دریا میں ڈبو دیتے ہیں۔ یہ چھوٹا بھائی جو ایک گڈریے کی موت کا بلاواسطہ سبب بنا ہے اور جو اسے مار کر مویشیوں کا مالک بن بیٹھا ہے اس کہانی کا ہیرو ہے۔ مگر مصنف نے اسے ہوشیار ثابت کرنے کی کوشش میں بچوں کو ایک بے گناہ انسان کی موت پر قہقہے مارنے پر مجبور کیا ہے۔ یہ مریضانہ ہنسی ہے، ایسی ہنسی سے ظلم میں بھی رومان نظر آنے لگتا ہے، اور میری تمنا ہے کہ ہمارے ادیب اور شاعر جب بچوں کیلئے لکھنے بیٹھیں تو اس نوع کی کمزوریوں کی زد میں نہ آئیں جو بظاہر بے ضرر کمزوریاں ہیں، مگر جو پنپ کر کٹے ہوئے سروں کے میناروں پر بھی قہقہے مار سکتی ہیں۔

میں یہاں صرف ایک مثال عرض کروں گا۔ یہ حقیقت مسلمہ ہے کہ قیام پاکستان کے بعد ہمیں سب سے زیادہ ضرورت اپنی نئی نسل کے ذہنوں میں پاکستانی قومیت کا جذبہ بیدار کرنے کی تھی۔ صرف اس صورت میں ہم پاکستانیت کو ایک ہمیشہ زندہ رہنے والی حقیقت بنا سکتے تھے، جو ہماری آزادی اور ہماری قوت کی سب سے مضبوط ضمانت ثابت ہوتی۔ مگر ہم نے ایسا نہیں کیا، ہم تو گذشتہ ایک چوتھائی صدی میں یہی طے نہیں کر سکے کہ کیا پاکستانی قوم کا کوئی منفرد قومی کلچر بھی ہے؟ اِکا دکا لوگوں نے، جن میں یہ عاجز بھی شامل ہے، قومی کلچر کی واضح طور پر نشاندہی کی اور عرض کیا کہ پاکستانی قوم کی تہذیبی انفرادیت کو گومگو کے عالم میں رکھنا دراصل ایک بین الاقوامی سازش ہے اور یہ سازش وہ لوگ کر رہے ہیں جو برصغیر پر پاکستان کے آزاد وجود کو گوارا نہیں کر سکتے۔ بار بار التجا کی گئی کہ ان عناصر سے خبردار رہنے کی ضرورت ہے جو بھارت اور پاکستان کی تہذیبی یکسانیت کا پرچار کرتے ہیں اور یوں برصغیر کے مسلمانوں کی ایک صدی کی جدوجہد پر نہایت چالاکی سے خطِ تنسیخ کھینچ دیتے ہیں۔ اس التماس کی طرف کسی نے توجہ نہ فرمائی اور نتیجہ آپ کے

سامنے ہے، ہمارا ملک آدھا رہ گیا ہے۔ ہمارے بقیہ ملک میں ایک قوم کی بجائے چار قوموں کی موجودگی کا ڈھکوسلا کھڑا کیا جا رہا ہے۔ غیر ملکی مصنفین کی ایسی کتابیں ہمارے ہاں برسرِ عام بک رہی ہیں جن میں پاکستان کو نہایت دریدہ دہنی سے چار پانچ قوموں کا ملک مگر بھارت کو صرف ایک قوم کا ملک ثابت کیا گیا ہے۔ یعنی جنوبی بھارت کے مراٹھے اور شمالی بھارت کے سکھ تو ایک نسل اور اس لیے ایک قوم کے افراد ہیں مگر پشاور کے پٹھان اور لاہور کے پنجابی دو الگ الگ قوموں سے تعلق رکھتے ہیں۔ اگر ہم 1947-48 میں ہی اپنی نئی نسل کو نصابی کتابوں کے ذریعے یہ نکتہ ذہن نشین کرانا شروع کرتے کہ ہم نے اپنی منفرد تہذیبی انفرادیت کی بحالی اور ترقی نیز سامراج اور پھر سامراج کی اقتصادی اسیری سے مکمل رہائی کے لیے پاکستان قائم کیا ہے اور مسلمان قوم نسلی امتیازات سے چودہ سو سال پہلے ہی بلند ہو چکی تھی تو آج یہ صورت پیدا ہوتی کہ ہم پنجابیوں، سندھیوں، پٹھانوں اور بلوچوں کے حقوق کے لیے کمربستہ ہو رہے ہیں مگر پاکستان کا، پاکستانی قوم کا، اس قوم کی پاکستانیت کا کہیں دور دور تک تذکرہ نہیں ہے۔ یہ ہماری تاریخ کا بہت بڑا المیہ ہے اور اس امر کا اعتراف کرنا چاہیئے کہ اس المیے کی صورت پذیری میں ہمارے نصاب ساز بھی شریک ہیں۔ آج پاکستان میں بچوں کا ادب تخلیق کرنے والوں کا اولین فرض یہ ہے کہ وہ اس ربع صدی کی افسوسناک فروگزاشت کی تلافی کریں اور کم سے کم آئندہ نسل کو تو پاکستان اور پاکستانیت کے معاملے میں خود اعتمادی سے بہرہ یاب کریں۔

میں یہ نہیں کہتا کہ پاکستان میں بچوں کے اچھے ادب کا وجود ہی نہیں ہے، بعض اداروں نے ماضی میں بھی اور حال میں بھی بچوں کی بعض نہایت وقیع کتابیں چھاپی ہیں، مگر قوم کے لاکھوں کروڑوں بچوں کے لیے اتنی سی کتابیں قطعی ناکافی ہیں۔ تمام ناشرینِ کتب کا فرض ہے کہ جہاں وہ موٹے موٹے بیکار اور بے معنی ناول چھاپ کر ہزارہا کماتے

ہیں، وہاں ایک ننھا سا تعمیری کام بھی کر لیا کریں اور ہر ضخیم ناول کی "چنخ" کی صورت میں ہی سہی، بچوں کی ایک ایسی کتاب بھی چھاپ ڈالا کریں جو ایک آزاد قوم کے بچوں کے مطالعے کے لائق ہو۔ یقیناً انکی راہ میں مشکلات بھی ہیں۔ بچے کے ہاتھ میں صاف ستھری کتاب ہونی چاہئیے، مگر کاغذ، طباعت اور کتابت کے نرخ اتنے زیادہ ہیں کہ کتاب مہنگے داموں پہنچنی پڑے گی اور ظاہر ہے کہ کم بکے گی، کیونکہ ہمارے بیشتر بچوں کے لیے تو اسکول کے کام کے لیے ایک کاپی خریدنا بھی باقاعدہ ایک مسئلہ ہے، پھر ہمارے کمرشل مصور بھی بچوں کی کتابوں کو مصور کرنے کے عادی نہیں ہیں اور جنہوں نے اس طرف توجہ کی ہے وہ بھی یورپ اور امریکہ کی کتابوں کے چربے اڑاتے ہیں، اور اگر خود سوچ کر کوئی تصویر بناتے ہیں تو اس کی کوئی کل سیدھی نہیں ہوتی۔ یہ اور اس قسم کی دیگر مشکلات مسلم، مگر کیا اس کا مطلب یہ ہے کہ جو کچھ ہو رہا ہے اس پر ہم سب قانع ہو کر بیٹھ جائیں اور اپنے فلم پروڈیوسروں کا ساطرزِ استدلال اختیار کر لیں کہ عوام یہی چاہتے ہیں اس لیے یہی حاضر ہے۔ یہ اندازِ فکر اس طبقے کو تو زیب نہیں دیتا جو کتابیں لکھنے اور چھاپنے کا وہ کام کرتا ہے جو تہذیبی لحاظ سے مقدس ترین کام ہے۔

(۲) پاکستانی بچوں کے لیے کتابیں

(اپریل1968)

یہ کہنا تو شاید صحیح نہ ہو کہ پاکستان میں بچوں کی کتابیں بہت کم تعداد میں شائع ہوتی ہیں۔ البتہ یہ طے ہے کہ ادب کے نام پر پاکستانی بچوں کے ساتھ شدید بد سلوکی روا رکھی جا رہی ہے اور انہیں عموماً ایسی کتابیں پڑھنے کو مل رہی ہیں جن کے بغیر وہ زیادہ بہتر شہری بن سکتے ہیں۔ اب یہ کہنا درست نہیں ہے کہ بچوں کے ادب کی طرف توجہ نہیں دی جا رہی ہے۔ توجہ تو بہت زیادہ دی جا رہی ہے مگر اس توجہ کا رخ سرے سے غلط ہے۔ ذرا ان دکانوں میں جا کر جھانکئے جہاں بچوں کی کتابیں پانچ پانچ، دس دس پیسے کے عوض کرایے پر دی جاتی ہیں۔ یہ دکانیں بچوں کی کتابوں سے اٹی پڑی ہیں، مگر آپ کو ان کے ناموں اور ان کے ٹائیٹلوں ہی سے اندازہ ہو جائے گا کہ پاکستانی بچوں کو کس نوع کا مواد پڑھنے کو مل رہا ہے۔ یہ کتابیں عموماً جنوں بھوتوں، دیوؤں، روحوں، ڈاکوؤں اور قزاقوں سے متعلق ہوتی ہیں اور ان کے سرورق انسانی چہرے میں سے نکلے ہوئے لمبے نکیلے دانتوں، چلتے ہوئے ریوالوروں اور بہتے ہوئے خون سے آراستہ ہوتے ہیں۔ کیا کبھی کسی نے اس نکتے پر غور فرمانے کی زحمت گوارا کی ہے کہ ایسا ادب ہم اس نسل کو پڑھنے کے لیے دے رہے ہیں جسے ربع صدی بعد پاکستان کی ترقی و تعمیر کا نگران بننا ہے۔

ہمارے ہاں پہلے ہی جنوں، بھوتوں اور دیوؤں کی کہانیوں کی کمی نہ تھی۔ اس پر ستم یہ ہوا کہ مغرب کے "کومکس" کے زیرِ اثر انسانوں نے ہی دیوؤں اور جنوں کا کردار ادا کرنا شروع کر دیا اور انکی دیکھا دیکھی ہمارے ہاں بھی مار دھاڑ اور قتل و غارت کی کہانیاں لکھی

جانے لگیں۔ اسی ذہنیت کا نتیجہ تھا کہ ہمارے بچوں کے ایک مقبول رسالے میں بھوپت ڈاکو کی کہانی بالاقساط شائع ہوتی رہی اور بچے اسے شوق سے پڑھتے رہے۔ بچے غیر معمولی واقعات سے بھری ہوئی کہانیاں ہمیشہ شوق سے سنتے اور پڑھتے ہیں کیونکہ اس طرح انکی بے پناہ قوتِ تخیل کو تسکین ملتی ہے مگر اس نوع کی کہانیاں بچوں کی نفسیات اور کردار پر جو اثر مرتب کرتی ہیں ان کے بارے میں ان مصنفینِ کرام اور ناشرینِ عظام نے شاذ ہی سوچا ہو۔ نتیجہ یہ ہے کہ آج بازاروں میں بچوں کی جو کہانیاں دھڑا دھڑ بک رہی ہیں یا کرائے پر پڑھی جارہی ہیں وہ ہماری نئی نسل کو ذہنی طور پر بگاڑنے کا کام تیزی سے انجام دے رہی ہیں۔ ہم حیران ہوتے ہیں کہ ہماری نئی نسل کو یکایک کیا ہو گیا ہے۔ اور وہ اپنے سے پہلی نسل سے اتنی ناگوار حد تک مختلف کیوں ہے۔ حقیقت یہ ہے کہ اس تفاوت کے دوسرے اسباب کے علاوہ ایک سبب یہ بھی ہے کہ دونوں نسلوں کو بچپن میں جو ادب پڑھنے کو ملتا رہا ہے وہ موضوع و مواد کے معاملے میں ایک دوسرے سے قطعی مختلف ہے۔ حیرت ہے کہ اس صورتِ حال سے متعلق اِکا دکا بیانات نظر سے ضرور گزرتے رہتے ہیں مگر حکامِ تعلیم یا مصنفین یا ناشرین نے اجتماعی طور پر اس صورت کی اصلاح کے لیے کوئی قدم نہیں اٹھایا۔

ناشرین اپنے حقوق کیلئے تو متفق ہو جاتے ہیں اور یہ بہت اچھی بات ہے۔ اپنے حقوق کا تحفظ دراصل اس امر کی علامت ہے کہ ہمیں اپنی آزادی اور اس آزادی سے ملنے والی سہولتوں کا شعور حاصل ہے، چنانچہ ناشرین کو اپنے حقوق کی یقیناً حفاظت کرنی چاہیے، مگر حقوق کے علاوہ ہر آزاد شہری کے فرائض بھی تو ہوتے ہیں۔ اب تو ناشرین میں ماشاء اللہ بڑے پڑھے لکھے اور باشعور افراد شامل ہیں، اگر وہ طے کرلیں کہ وہ بچوں کا ایسا ادب نہیں چھاپیں گے جو بچوں کی ذہنی تعمیر کی بجائے انکی تخریب کرے اور اگر وہ ایسے ناشرین

کا مقاطعہ کرنے کا فیصلہ کریں جو محض معمولی سی مالی منفعت کی خاطر پاکستان کی پوری نسل کو اور یوں بالواسطہ طور پر پاکستان کے مستقبل کو تباہ کر رہے ہیں تو یقین سے کہا جا سکتا ہے کہ بچوں کا جو خطرناک ادب ان دنوں شائع ہو رہا ہے اس کا کماحقہ تدارک ہو جائے گا۔ اسی طرح مصنفین کے ادارے بھی اپنی برادری کی حد تک یہ فرض ادا کر سکتے ہیں۔ ابھی پچھلے دنوں میں نے ایک بچے کے ہاتھ میں "بچوں کا ایک ناول" دیکھا جو لیلیٰ مجنوں کی داستانِ عشق پر مبنی تھا۔ یہ ناول بظاہر سلیس زبان میں لکھا گیا ہے مگر لیلیٰ مجنوں کا عشق اتنی تفصیل سے بیان کیا گیا ہے جیسے مصنف کے نزدیک بچوں کا ان تفصیلوں پر عبور حاصل کرنا بہت ضروری ہے ورنہ انکی ذہنی نشو و نما رک جائے گی۔

رہ گئے حکامِ تعلیم تو ایسا معلوم ہوتا ہے کہ بعض نادر مستثنیات کو چھوڑ کر یہ حضرات کتابیں پڑھتے ہی نہیں ہیں اور اور انہیں اس بات کا علم ہی نہیں ہے کہ پاکستان میں بچوں کے لیے کیا لکھا جا رہا ہے۔ کیا چھپ رہا ہے اور نئی نسل اس ادب سے کیا کیا اثرات قبول کر رہی ہے اس حقیقت کی گواہ وہ فہرستِ کتب ہے جو محکمہ تعلیم نے تعلیمی اداروں کی لائبریریوں کے لیے منظور کی تھی اس فہرست کو غور سے دیکھیے تو صاف معلوم ہوتا ہے کہ کتابوں کو کتابوں کی نوعیت کے معیار پر منتخب نہیں کیا گیا بلکہ کتابیں شائع کرنے والے اداروں کی رسوخ و رسائی کو اس انتخاب کا معیار بنایا گیا ہے۔ بعض ادارے جنہوں نے معیاری کتابیں شائع کی ہیں اور ان کے اس اعلیٰ معیار کا گواہ پورا ملک ہے اس فہرست میں سے صرف اس لئے غائب ہیں کہ انہوں نے اپنی کتابیں انتخاب کے لیے پیش کر دیں، اور یہ سمجھا کہ کتاب کا انتخاب تو کتاب کے معیار کے مطابق ہی ہو گا۔ اس کے برعکس اسی فہرست میں ایسی ایسی کتابیں شامل کی گئی ہیں جو مروجہ اخلاقی قدروں کے سراسر منافی ہیں مگر جن کا انتخاب اس لئے عمل میں آیا کہ انہیں شائع کرنے والے ادارے دنیائے نشر و

اشاعت کے "شرفا" میں شمار ہوتے ہیں۔ منظور شدہ کتابوں کی اس فہرست کا جائزہ اگر مسترد شدہ کتابوں کی فہرست کو سامنے رکھ کر لیا جائے تو ہمارے حکامِ تعلیم کے معیارِ ادب کی قلعی بڑے بھیانک انداز میں کھلے گی۔ کیا کوئی ایسا کمیشن مقرر کیا جا سکتا ہے جو اس دھاندلی کا جائزہ لے سکے؟ یہ استفسار اس لئے کیا جا رہا ہے کہ جب مسئلہ پوری نسل اور ساتھ ہی پورے ملک کے مستقبل کا ہو تو چند با اثر ناشرین کی خوشنودی کا لحاظ رکھنا پرلے درجے کی عاقبت نا اندیشی اور تعلیم دشمنی ہے۔ حیرت ہے کہ پاکستان رائٹرز گلڈ کا سا ادارہ، جو مصنفین کے حقوق کے تحفظ کے لیے وجود میں آیا تھا، اس سلسلے میں بے حس ہے اور میرے خیال میں اس کے کار پردازوں کو علم ہی نہیں ہو گا کہ چند برس پہلے حکامِ تعلیم، مصنفین کے ساتھ کیا سلوک روا رکھ چکے ہیں۔

پاکستانی اور اسلامی تاریخ کے بے شمار واقعات بچوں کے لیے کہانیوں کے موضوع بن سکتے ہیں۔ اور اس طرف توجہ بھی دی گئی ہے۔ مگر عجیب بات یہ ہے کہ محض خوارق کی حد تک ۔۔۔۔۔۔۔۔ تاریخی ناولوں کی طرح تاریخی کہانیوں میں بھی ایک مجاہد ایک ہزار کفار کو تہِ تیغ کرتا ہوا آگے بڑھتا چلا جاتا ہے۔ یہی وجہ ہے کہ گزشتہ ستمبر 1965 کی جنگ میں پاکستانی افواج نے جو کارنامے انجام دیئے، انہیں بعض سبز پوش گھڑ سواروں کا مرہونِ منت قرار دے ڈالا گیا۔ یقیناً عقیدے میں بڑی قوت ہے، مگر اب ایک ایسا زمانہ آ گیا ہے کہ ہمیں افواج کی تربیت اور جدید اسلحہ کی فراہمی اور فنونِ جنگ کی تعلیم اور ہمہ وقت چوکنا اور چوکس رہنے کی ضرورت ہے۔ اس کے ساتھ ہی اگر عقیدے کی قوت بھی شامل ہو تو سبحان اللہ، مگر بچوں کے لیے اس موضوع پر جو کتابیں لکھی گئی ہیں، وہ انہیں عصرِ جدید کے تقاضوں کو پورا کرنے کے لیے تیار نہیں کرتیں، بلکہ سبز پوش گھوڑوں پر تکیہ کرنے پر آمادہ کرتی ہیں۔ یہ عقیدے کے سے پاکیزہ جذبے سے غلط کام

لینے کی ایک کوشش ہے جسے نظر انداز کرنا درست نہیں۔ وجہ یہ ہے کہ اگر غیبی امداد کا یہ تصور پختہ ہو جائے تو بچہ جسے چھوٹی سی چھوٹی بات کی بھی کرید رہتی ہے، ذرا سا بڑا ہونے کے بعد اس چکر میں پڑ جائے گا کہ آخر مصر اور اردن اور شام پر یہودیوں کو کیوں فتح حاصل ہوگئی اور جب مسلمانوں کا قبلۂ اول اسرائیل کے قبضے میں جا رہا تھا تو زمین کیوں نہ پھٹ پڑی اور آسمان کیوں نہ ٹوٹ پڑا اور یاد رکھئے کہ وہ خطۂ ارض تو سرزمینِ انبیاء ہے جس کے تحفظ کو ہم لوگ بھی جو وہاں سے ہزاروں میل ادھر بیٹھے، اپنا دینی فرض سمجھتے ہیں۔ عقل اور منطق سے بچوں کے ذہنوں کو نابلد رکھنے کا نتیجہ بے حد خطرناک ثابت ہو سکتا ہے اور جب وہ کچھ بڑے ہوتے ہیں تو حقیقت کے تصادم سے انکی شخصیتیں ٹوٹ پھوٹ کر رہ جاتی ہیں۔

ہمیں پوری کوشش کرنی چاہئے کہ بچوں کے ادب کا موضوع چاہے پاکستانی اور اسلامی تاریخ کے واقعات ہوں یا روزمرہ زندگی کے نقوش ہوں یا اخلاقی قدریں ہوں یا بچوں کی قوتِ متخیلہ کو تیز کرنے کے سلسلے میں تخئیلی اور علامتی کہانیاں ہوں ہم اس حقیقت کو ہمیشہ پیش نظر رکھیں کہ ہمارے ذمے بچوں کی ذہنی تعمیر ہے۔ اس مقصد کے لیے اول تو براہِ راست قسم کے وعظ و نصیحت کا انداز درست نہیں ہے کہ بچہ اس انداز سے متاثر ہونے کی بجائے بور ہوتا ہے۔ دوم ہمارے مدِ نظر ہمیشہ خیر و برکت اور حسن و توازن کی قدریں ہونی چاہئیں۔ ہمیں اپنے بچوں کو انسان اور انسانیت کا احترام سکھانا چاہیئے۔ انہیں بہادر بنانا چاہیئے۔ مگر ساتھ ہی ان پر یہ واضح کرنا چاہیئے کہ چھرے سے راہ چلتے کا پیٹ پھاڑ کر اس کا بٹوا نکال لے جانے والا بہادر نہیں ہے، بزدل ہے، غنڈہ ہے، اخلاقی مجرم ہے اور سارے معاشرے کی مذمت کا سزاوار ہے، اسی طرح اس حقیقت کو بچوں کے سامنے واضح طور سے آنا چاہیے کہ:

خدا نے آج تک اس قوم کی حالت نہیں بدلی

نہ ہو جس کو خیال آپ اپنی حالت کے بدلنے کا

اس ضمن میں خود اسلامی تاریخ میں متعدد واقعات موجود ہیں۔ مثلاً ایک شخص حضورِ اکرم صلی اللہ علیہ وسلم کی خدمت میں حاضر ہوا۔ آپ نے پوچھا کہ تمھارا اونٹ کہاں ہے وہ بولا کہ مدینے کے باہر چراگاہ میں چھوڑ آیا ہوں اور اللہ کے توکل پر چھوڑ آیا ہوں۔ اس پر حضور (ص) نے فرمایا کہ جاؤ پہلے جا کر اونٹ کا گھٹنا باندھو اور اس کے بعد اسے اللہ کے توکل پر چھوڑ آؤ۔ اس روایت سے انسان کی ذاتی کوشش اور محنت کی اولیت کا جو پہلو نکلتا ہے، اسے نہایت سلیقے سے ایک کہانی کی صورت میں پیش کیا جا سکتا ہے اور یاد رکھئے کہ اس قسم کے واقعات کی سلجھی ہوئی کہانی بچوں کے لیے اس سبق کے مقابلے میں کہیں زیادہ نتیجہ خیز ہے کہ بچو محنت کرو اور خدا پر تکیہ کرو۔

(۳) ادب کی تعلیم اور اساتذہ

(نومبر 1968)

نہ جانے ادب کے بعض نقادوں کی یہ کونسی نفسیاتی کیفیت ہے کہ وہ ان لوگوں کو ادب کی تنقید کا حق دینے کو تیار نہیں ہیں جو یونیورسٹیوں، کالجوں یا اسکولوں میں ادب کی تعلیم دیتے ہیں۔ مجھے معلوم نہیں کہ اساتذہ کے خلاف اس تعصب کا آغاز کس نے کیا، لیکن جس نے بھی کیا اس نے ادب اور ادیب سے ہمدردی کے پردے میں اپنے کسی نفسیاتی خلا ہی کو پُر کرنے کی کوشش کی۔ ہمارے ہاں کے معاشی نظام کی مجبوریوں کے باعث ہمارے ادیب صرف ادب تخلیق کر کے عزت مندانہ زندگی بسر نہیں کر سکتے۔ ان ادیبوں میں سے جس طرح بعض سرکاری محکموں کے اہلکار ہیں، بعض دوکاندار ہیں اور بعض صحافی ہیں، اسطرح بعض اساتذہ بھی ہیں۔ پھر جب ہم کسی ادیب کی سرکاری ملازمت یا دوکانداری یا صحافت کی وجہ سے اس کی ادبی تنقید پر معترض نہیں ہوتے، تو اساتذہ سے ایسا کونسا جرم سرزد ہو گیا ہے کہ وہی "غیر استاد" نقادوں کے ہدف بنتے ہیں اور انکا باقاعدہ مذاق اڑانے کا بھی فیشن چل نکلا ہے۔ حالانکہ اگر بے تعصبی اور غیر جانب داری سے اس مسئلے کا جائزہ لیا جائے تو ادب کے استاد کو ادب کی تنقید پر دوسروں سے کچھ زیادہ ہی حاوی ہونا چاہئیے۔

دورِ حاضر میں ادب کے حوالے سے اساتذہ پر اعتراض کا آغاز جناب محمد حسن عسکری سے ہوا۔ مجھے یاد پڑتا ہے کہ علامہ اقبال کے فن کے کسی پہلو پر پروفیسر خواجہ منظور حسین نے ایک مقالہ لکھا جس پر عسکری صاحب معترض ہوئے اور ظاہر ہے کہ

انہیں اعتراض کرنے کا حق حاصل تھا۔ مگر جب وہ اس اختلاف کا اظہار کرنے بیٹھے تو پروفیسروں کی پوری نسل کے معیارِ تنقید کو کچھ اس شدت سے لتاڑا کہ ان کے ہر ارشاد پر بے سوچے سمجھے آمنا و صدقنا کہنے والوں نے اس اعتراض کو گرہ میں باندھ لیا اور اپنی تحریروں کی مدد سے ایک ایسی فضا قائم کرنے میں لگ گئے جس میں کسی پروفیسر یا ٹیچر کی زبان یا قلم سے ادب کا نام لینا بھی گناہِ کبیرہ سمجھا جانے لگا۔ مشکل یہ ہے کہ یہ صورت اب تک قائم ہے۔ آج بھی پروفیسروں اور ٹیچروں میں سے کوئی اگر ادب کے کسی موضوع پر قلم اٹھاتا ہے تو یار لوگ اس کے لتے لے ڈالتے ہیں کہ میاں تمھیں ادب کے پھڈے میں ٹانگ اڑانے کی کیا ضرورت ہے جبکہ تم بچوں کو پڑھاتے ہو اور ادھر لطیفہ یہ ہوا کہ عسکری صاحب پروفیسروں پر خوب ٹوٹ کر برسنے کے بعد خود بھی پروفیسر بن گئے اور جب سے اب تک وہ بھی بچوں کو پڑھا رہے ہیں۔ یہ مذاق صرف عسکری صاحب ہی کے ساتھ نہیں ہوا۔ ایسی مثالیں موجود ہیں کہ ایک صاحب ادب کے نام پر صحافت کو برا بھلا کہتے رہے مگر آخر کار خود صحافی بننے پر مجبور ہو گئے۔ میں سمجھتا ہوں کہ نہ تو ان کے صحافی بننے سے ان کے ادب کا "حقِ خود اختیاری" انسے چھنا اور نہ عسکری صاحب پروفیسر بن جانے سے ادبی تنقید کا حق گنوا بیٹھے۔

پچھلے دنوں ایک صاحبِ ذوق سے پروفیسروں اور دوسرے اساتذہ کے خلاف میں نے ایسی ہی باتیں سنیں تو میں نے ان کے سامنے اردو کے مشہور اور مستند نقادوں کی فہرست مرتب کی۔ اس فہرست سے ثابت ہوا کہ ہمارے نوے فیصد نقاد تدریس ہی کے پیشے سے متعلق ہیں۔ پھر انگریزی زبان کے نقادوں پر ایک نظر ڈالی تو انکی بھی خاصی تعداد اسی پیشے سے متعلق پائی۔ ظاہر ہے کہ دوسرے ملکوں اور دوسری زبانوں میں بھی مدرس نقادوں کی تعداد کم و پیش یہی ہو گی اور اس میں تعجب کی کوئی بات نہیں ہے کیونکہ

ایسا ہونا قدرتی ہے۔ ادب کے استاد کا موضوع ہی ادب کی تاریخ، اس کا ماضی و حال اور اس کے امکانوں اور خامیوں کا جائزہ ہے۔ پھر نوجوان طلبا کی صورت میں ادب کے ذہین قارئین کے ساتھ اس کا روزانہ سابقہ پڑتا ہے۔یوں ادب سے متعلق اس کی معلومات میں ایک نمایاں اور نہایت قیمتی حصہ اس کے براہِ راست مشاہدے اور تجربے کا ہوتا ہے۔ اسطرح وہ زیادہ گہرائی میں جا کر ادب کا جائزہ لے سکتا ہے۔ پھر ادب کا نقاد یا ادیب چاہے یونیورسٹی یا کالج کا پروفیسر ہو، چاہے صحافی ہو، چاہے سرکاری ملازم ہو اور چاہے دوکاندار ہو (اور چاہے بیکار ہو) ہم اس کی تحریروں کو اس کے پیشے کے حوالے سے برا یا بھلا نہیں کہہ سکتے۔ ستم یہ ہے کہ ادب کے نقادوں پر پروفیسری کا اعتراض کر کے انکی تنقیدوں کو گھٹیا ثابت کرنے والے بیشتر حضرات اس مدرسۂ فکر سے تعلق رکھتے ہیں جس کا اصول یہ ہے کہ کسی ادب کے بارے میں غور کرتے ہوئے یہ نہیں دیکھنا چاہئیے کہ اس میں کیا کہا گیا ہے۔ قاری کو تو صرف اس سے غرض ہونی چاہئیے کہ جو کچھ کہا گیا ہے، کیسے کہا گیا ہے۔نہ جانے اس "کیسے" میں کسی کی پروفیسری کیسے گھس آتی ہے۔

یقیناً ادب کے سب اساتذہ اچھے نقاد نہیں ہو سکتے۔ اگر ادب کا ہر استاد خود کو ادب کا ایک منجھا ہوا نقاد سمجھتا ہے تو شدید خوش فہمی میں مبتلا ہے۔ مگر اس خوش فہمی کا دائرہ تو خاصا وسیع ہے۔ ایسے حضرات بھی تو موجود ہیں جن کا تدریس کے پیشے سے کبھی تعلق نہیں رہا، مگر وہ ایسی تنقیدیں لکھتے ہیں کہ فنِ تنقید شرما جاتا ہے۔ چنانچہ کسی کمزور تنقید پر اعتراض یہ نہیں ہو سکتا کہ وہ پروفیسر یا ٹیچر ہے یا وہ صحافی یا کلرک ہے۔پیشے کے حوالے سے اردو ادب کی تنقید میں جو تعصب پھیلایا جا رہا ہے، اس کا تدارک ہم سب کا فرض ہے، البتہ ہم جس طرح ایک ادیب سے جو پیشے سے صحافی ہے، یہ مطالبہ کر سکتے ہیں کہ جب وہ ادبی تنقید لکھنے بیٹھے تو صحافت کے پینترے نہ دکھایا کرے، اسی طرح ایک استاد

سے بھی مطالبہ کر سکتے ہیں کہ وہ اس انداز سے تنقیدی مضامین نہ لکھا کرے جس طرح وہ بچوں کو کلاس روم میں ادب پڑھاتا ہے۔ بے شک ہمارے ہاں بعض اساتذۂ ادب کی ایسی کتابیں بھی شائع ہوتی رہتی ہیں جن کی حیثیت ایک محنتی طالب علم کے "نوٹس" سے زیادہ نہیں ہوتی اور وہ اس پر بھی بضد نظر آتے ہیں کہ ان کی تحریر کو تنقید کہا جائے مگر اس سے پریشان ہونے کی ضرورت نہیں ہے۔ آخر بعض دوسرے حضرات بھی تو ہم پر اسی نوع کی ادھ کچری تنقیدیں مسلط کرتے رہتے ہیں اور ہم سب جانتے ہیں کہ دنیائے تنقید میں ان تنقیدوں کی کوئی اہمیت نہیں ہے۔ آخر تخلیقی ادب کی دنیا میں بھی تو ہزارہا لوگ مصروف ہیں۔ ناولوں، افسانوں، نظموں اور غزلوں کا ایک طومار دھڑا دھڑ جمع ہو رہا ہے۔ مگر کون کہتا ہے کہ یہ سب کچھ اعلیٰ ادب ہے۔ یہ حادثہ صرف ہمارے ساتھ تو نہیں ہو رہا ہے، ہر ملک میں اور ہر زبان میں ایسے لوگ موجود ہیں جو ادب کے نام پر کوئی چیز لکھتے رہتے ہیں اور مزے کی بات یہ ہے کہ لاکھوں کی تعداد میں ان کے قارئین بھی موجود ہیں۔ مختصر یہ کہ اس صورتِ حال سے نہ گھبرانے کی ضرورت ہے اور نہ کسی خاص پیشہ کو مطعون قرار دینے کی۔ اصل چیز تو یہ ہے کہ کس نے کیا لکھا اور کیسے لکھا۔

اگر یونیورسٹیوں، کالجوں اور سکولوں میں ادب کے اساتذہ سے ہمیں کچھ مطالبہ کرنا ہے تو یہ مطالبہ کرنا چاہیئے کہ جب وہ ایک استاد اور رہنما کی حیثیت سے طلبا کے سامنے جائیں تو ادب کی تعلیم میں اپنی پسند اور ناپسند، اپنے تعصبات اور اپنے نظریات کو ذرا دبا کر رکھیں۔ مثلاً جب ان کا ذاتی نقطہ نظر بھی یہی ہو اور طلبا پر بھی اپنا یہی خیال ٹھونسنا چاہتے ہوں کہ ادب کا زندگی سے کوئی مثبت رشتہ نہیں ہوتا۔ اور ادب برائے زندگی کا قائل ہونے سے ادیب، فنکار سے زیادہ پروپیگنڈسٹ اور صحافی بن جاتا ہے تو وہ یہ کہنے سے پہلے یہ نہ بھولا کریں کہ انہیں علامہ اقبال کے فن اور نظریہ فن پر بھی اظہار خیال کرنا ہو

گا۔ یا اگر وہ میر کی عظمت کو اجاگر کرنے کے لیے غالب کی مذمت کو ضروری سمجھتے ہوں تو انہیں طلبا کی طرف سے اس سوال کا تسلی بخش جواب دینے کے لیے بھی تیار رہنا چاہئیے کہ اگر غالب ایسا ہی معمولی شاعر تھا تو کیا گزشتہ صدی کے اہلِ قلم، اہلِ فن اور شیدایانِ فن پاگلوں کی کسی نسل سے تعلق رکھتے تھے؟ یا اگر کوئی استاد معیارِ معیشت ہی کو زندگی اور ادب کا محور قرار دیتا ہے تو اپنے نکتے کی وضاحت سے پہلے اسے سوچ لینا چاہئیے کہ ابھی جب مومن کا یہ شعر سامنے آئے گا۔

اس غیرتِ ناہید کی ہر تان ہے دیپک
شعلہ سا لپک جائے ہے، آواز تو دیکھو

تو وہ جدلیاتی مادیت کے کس اصول کے تحت اس شعر کے حسن کا جائزہ لینے میں کامیاب ہو سکے گا۔ میں سمجھتا ہوں کہ ہم دانش گاہوں سے متعلق ادب کے اساتذہ سے صرف یہی مطالبہ کر سکتے ہیں کہ وہ اپنے مضامین میں جو چاہیں لکھیں مگر جو کچھ بچوں کو پڑھائیں وہ اس انداز سے پڑھائیں کہ بچوں کے سامنے حقائق رکھ دیئے جائیں اور وہ خود ہی اس میں سے نتائج اخذ کریں اور اگر کوئی طالب علم، استاد کے نقطۂ نظر سے کسی مختلف نتیجے تک پہنچے تو استاد صاحب خفا نہ ہو جایا کریں بلکہ اسے داد دیں کہ وہ ذاتی کاوش سے اس منزل تک پہنچا۔ اگر اساتذہ سے اس سے زیادہ کوئی مطالبہ کیا جائے تو اس کا مطلب یہ بھی ہو سکتا ہے کہ معترضین کو پروفیسروں کے پروفیسر ہونے پر محض اس لئے اعتراض ہے کہ وہ خود پروفیسر کیوں نہ ہوئے۔

(۴) ادب کی تعلیم کا مسئلہ

(مئی1969)

ادب میں نقطۂ نظر کے اختلاف سے شاید ہی کسی کو انکار ہو، مگر جب اس اختلاف کی بنیادیں ادب کی بجائے غیر ادبی مصالح پر استوار ہوتی ہیں تو یہی تعمیری اور تخلیقی اختلاف جنگ و جدل میں بدل جاتا ہے۔ بد قسمتی سے ان دنوں اس "ادبی" جنگ و جدل کا رواج بہت عام ہو چلا ہے اور یہ طرزِ عمل ادبی مسائل کی متوازن جانچ پرکھ کے لیے سخت مضر ہے۔ بہر حال یہ ادیبوں کا مسئلہ ہے اور وہ اسے طے کرتے رہیں گے۔ لیکن اگر ادبی مسائل سے متعلق اس منفی اندازِ فکر کے سائے ادب کی تعلیم دینے والوں پر بھی پڑنے لگیں تو اس کا مطلب یہ ہے کہ ہم اپنی نئی نسل کی ذہنی تخریب کے درپے ہیں اور اپنے بعض نہایت محدود بلکہ ذاتی مقاصد حاصل کرنے کے لیے ملک کے ادبی مستقبل کو داؤں پر لگا رہے ہیں۔

یہ تو یقیناً قطعی ضروری نہیں ہے کہ اگر ادب کا ایک استاد غالب کے فکر و فن کا پرستار ہے اور وہ میر و مومن کو غالب سے بڑا شاعر قرار نہیں دیتا تو اس سے جواب طلبی کی جائے کہ وہ غالب کو کیوں پسند کرتا ہے، اور میر و مومن کو کیوں اس حد تک پسند نہیں کرتا۔ البتہ اس استاد سے ہم یہ توقع ضرور رکھیں گے کہ وہ غالب کی پرستاری کے جوش میں میر و مومن کے فکر و فن کی خوبیوں کو فراموش نہیں کر دے گا۔ اور اگر کوئی اس کا طالب علم میر یا مومن کے حق میں مدلل رائے دینے کی کوشش کرے گا تو اسے سکون سے سنے گا۔ بعینہ اگر کسی استاد کی رائے میں میر سے بڑا شاعر اب تک پیدا نہیں ہوا تو وہ

میر کی عظمت کا محل غالب کی کلی مذمت پر استوار نہیں کرے گا اور تاریخِ ادب کے مطالعے نے اس بتایا ہو گا کہ جن اہلِ قلم کی ناموری کے قصر دیگر اہلِ قلم سے نفرت کی بنیادوں پر اٹھائے گئے، ان سے چند برس بعد نہ صرف یہ مصنوعی ناموری چھن گئی بلکہ ناموری کو غصب کرنے کی سازش بھی بے نقاب ہو گئی۔ یقیناً ہر شخص کی پسند اور ناپسند کا ایک اپنا معیار ہوتا ہے۔ ادب کا استاد بھی اس کلئے سے مستثنیٰ نہیں ہے، لیکن استاد پر بھی یہ ذمہ داری عاید ہوتی ہے کہ وہ اپنی پسند اور ناپسند کو طلبا پر مسلط نہ کرے بلکہ انہیں فن کی تحسین کے بنیادی اصول سمجھانے کے بعد انہیں اپنی اپنی انفرادی افتادِ مزاج کے مطابق کسی فیصلے تک پہنچنے دے۔ طلبا کے یہ فیصلے استاد کی ذاتی پسند اور ناپسند سے مختلف بھی ہو سکتے ہیں اور ہونے بھی چاہئیں کہ فن کا تنوع اور ادب کی رنگارنگی اسی تخلیقی اختلافِ رائے سے قائم ہے، لیکن اگر کوئی استاد طلبا کے آزادانہ فیصلوں کو اپنی ہتک پر محمول کر لیتا ہے اور خفا ہو جاتا ہے کہ اس کے شاگردوں نے اس کے ادبی معیاروں پر صاد کیوں نہیں کیا تو معاف کیجیے، وہ استاد کے منصب کے لائق نہیں ہے۔

جن دنوں ادب کسی تحریک کے نام سے بھی نا آشنا تھا، ان دنوں بھی ادب میں مختلف تحریکیں چلتی رہیں، فرق صرف یہ ہے کہ ماضی میں یہ تحریکیں کسی بڑی شخصیت سے کسبِ فیض کرتی تھیں اور بیسویں صدی کی ادبی تحریکوں نے شخصیتوں کی بجائے ادبی نظریوں اور مسائل زندگی کے بارے میں خاص رویوں کو اپنا رہنما بنایا۔ بہر حال ان تحریکوں سے گھبرانا یا مختلف مکاتیبِ فکر کے ہجوم میں بوکھلا جانا کسی بھی ادیب یا ادب کے استاد کو زیب نہیں دیتا۔ خاص طور سے ادب کے استاد کا تو فرض ہو جاتا ہے کہ وہ ادب کی ہر تحریک کا مطالعہ غیر جانبداری سے کرے اور انتہائی "ناوابستگی" (Detachment) کے ساتھ ان کی خوبیوں اور خامیوں، کامیابیوں اور ناکامیوں کا جائزہ لے۔ اس صورت

میں اسے اپنی رہنمائی اس عالمانہ وقار کے سپرد کر دینی چاہیئے جسے تصویر کے دونوں رخ دیکھے بغیر چین ہی نہیں آتا۔ اندھیرے کے بغیر روشنی اور سیاہی کے بغیر سفیدی کا تصور ممکن ہی نہیں۔ انسانی ادراک کا تو یہی کمال ہے کہ وہ سوچے سمجھے اور دیکھے بھالے اور جانچے پرکھے بغیر کوئی فیصلہ صادر نہیں کرتا۔ چنانچہ طلبا کے شعور و ادراک کے گرد حصار کھڑے کرنے کی بجائے ادب کے استاد کا فرض ہے کہ اگر ابتدائی تربیت نے یہ حصار کھڑے کر رکھے ہیں تو انہیں گرادے اور نئے حصار قائم کرنے کی بجائے طلبا کو کھلی فضا کی وسعتوں کا سامنا کرائے تاکہ وہ اپنی بصیرت کو کام میں لائیں، اپنے منطقی استدلال سے اشیا کو پرکھیں اور جیسا کہ میں نے پہلے عرض کیا ہے، اپنے فیصلوں تک پہنچیں۔ اب اسطرح استاد ان فیصلوں کو ذاتی معیاروں کی بجائے ادب کے مسلمہ معیاروں سے پرکھے گا۔ اور طلبا پر ان کی رسائیاں اور نارسائیاں واضح کرے گا۔۔۔۔۔۔۔۔۔اور بہت ممکن ہے کہ اس دلچسپ بحث و تمحیص میں اس پر بعض اپنی نارسائیاں بھی واضح ہو جائیں کہ اچھا استاد تو بہر حال عمر بھر ایک طالب علم ہی رہتا ہے۔

مگر ہمارے ہاں یہ ایک عجیب سلسلہ چل پڑا ہے کہ ادب کے اساتذہ بھی اپنے آپ کو ادب کی کسی نہ کسی تحریک سے وابستہ کرنے لگے ہیں۔ یہ بھی کوئی غلط بات نہیں مگر اس وقت یقیناً غلط ہو جاتی ہے جب استاد اپنی اس وابستگی کو اپنے طلبا پر مسلط کرنے لگے۔ یوں وہ بے خیالی میں ایک ادبی آمر کا کردار ادا کر رہا ہو گا اور بھول جائے گا کہ ادیبوں کی دنیا تو قلندروں کی دنیا ہے، جہاں فن کی تحسین فنکاروں کے سماجی مرتبہ و مقام کے آئینے میں نہیں کی جاتی بلکہ فن اور محض فن کی روشنی میں کی جاتی ہے۔ یہ وہ دنیا ہے جہاں کا ہر فقیر اپنی اپنی نگری کا بادشاہ ہے۔ اس صورت میں ادب کے استاد کو طلبا کے سامنے جانے سے پہلے کسی ادبی تحریک کے ساتھ اپنے رشتوں کو اسٹاف روم میں چھوڑ آنا چاہیئے۔ اس حد

تک ناوابستگی شاید ممکن نہیں ہے کیونکہ استاد کی شخصیت، اسٹاف روم یا کلاس روم میں، بہرحال ایک ہی رہتی ہے اس لئیے استاد کا فرض یہ ہونا چاہیئے کہ وہ طلبا کی انفرادیتوں کو پنپنے کا موقع دے اور اپنی ادبی وابستگی کے اعلان کو اس وقت تک ملتوی رکھے جب تک طلبا مختلف ادبی تحریکوں سے متعارف ہونے کے بعد اپنا نقطۂ نظر اختیار کرنے اور استاد کے ساتھ بحث میں حصہ لینے کے قابل نہ ہو جائیں۔ بصورتِ دیگر استاد اپنی انا کو تو یقیناً تھپک لے گا لیکن وہ نئی نسل کو مسلح کئے بغیر ایک ایسی دنیا میں دھکیل دے گا جہاں قدم قدم پر اس کے یقینوں اور روایتوں اور کلیوں پر حملے ہونگے اور یہ نسل اپنی مدافعت نہیں کر سکے گی کیونکہ اس کا ذہن تعصبات کے سنگین حصاروں میں جکڑا ہو گا، اس طرح وہ ذہنی انتشار جنم لے گا جس کی جھلکیاں آجکل ہمیں نظر آ رہی ہیں۔ یعنی ادیب کو معلوم ہی نہیں ہے کہ وہ کیا کہہ رہا ہے اور لایعنیت ادبی فیشن میں شامل کی جانے لگی ہے اور جذبہ وخیال قابو میں نہیں آتے تو ادیب الفاظ پر غصہ نکالنے لگا ہے کہ یہ گھس گئے ہیں اور کثرتِ استعمال سے بے معنی ہو گئے ہیں۔ اس صورتِ حال کا تجزیہ کیجیے تو اصل وجہ وہی نکلے کہ نئی نسل پوری طرح مسلح نہیں ہے۔

ادب کے استاد کو ایک نظریاتی وقار بھی برقرار رکھنا چاہیئے اور مرعوب تو اسے کسی صورت نہیں ہونا چاہیئے۔ مجھے یاد ہے، ادب کے ایک پرانے استاد نے ایک بار اردو کے نئے نقادوں پر ایک تنقیدی مقالہ لکھا، مگر ایک ایسے نئے نقاد کے نام تک کا حوالہ دینا مناسب نہ سمجھا جو استاد کے نظریات سے متفق نہیں تھا، مگر جس نے اردو تنقید میں نئی راہیں کھولی تھیں۔ کچھ عرصے کے بعد یہی نقاد ایک ادبی رسالے کا ایڈیٹر ہو گیا تو ادب کے اسی استاد نے نئے نقادوں کے بارے میں ایک اور مقالہ رقم فرمایا جس میں اس نئے نقاد کا ذکر سرفہرست آیا۔ بدقسمتی سے یہ رسالہ زیادہ دنوں نہ چل سکا اور اس کے بعد جب ہم

نے ادب کے اس استاد کی ایک تقریر سنی تو نئے نقادوں کے تذکرے میں وہ اس نقاد کو پھر سے گول کر گیا۔ یہ روش عام یقیناً نہیں ہے لیکن بعض عناصر کی بے یقینی اور بے وقری کی غمازی ضرور کرتی ہے۔ کسی ادبی رسالے کی ادارت اتنا بڑا منصب نہیں تھا کہ ادب کا استاد اس سے مرعوب ہو جاتا اور کوئی ادیب کسی رسالے کا مدیر نہیں ہے تو یہ کوئی اتنی بڑی محرومی نہیں ہے کہ وہ اپنے حقوق ہی کھو بیٹھے۔ ادب کے استاد کو ادیب کے صرف ادب کو پرکھنا چاہیئے اور اس چمک دمک سے اپنی آنکھوں کو خیرہ نہیں کر لینا چاہیئے، جسکا ہمارے ہاں کے بعض ادبی عناصر نے اپنی شخصیتوں کے ارد گرد اہتمام کر رکھا ہے، ممکن ہے اسطرح وہ اپنی بعض مصلحتوں کو پورا کر لیتا ہو مگر وہ اپنی طلبا کی گمراہی کا بھی ارتکاب کرتا ہے اور انہیں اس غلط فہمی میں مبتلا کر دیتا ہے کہ جو کچھ وہ مصلحت کے دباؤ کے تحت کہہ رہا ہے، وہ ایک مسلمہ حقیقت ہے۔

یہ بھی دیکھنے میں آیا ہے کہ ادب کا استاد، ادبی مسائل اور ادبی شخصیتوں کے بارے میں مسلسل برسوں تک وہی باتیں دہراتا چلا جائے گا جو اس سے پہلے کسی نقاد نے لکھی تھیں۔ اس طرزِ عمل سے ادب میں تلاش و جستجو کا عنصر غائب ہو جاتا ہے اور پٹی ہوئی لکیر کو پیٹتے رہنے کا رجحان شروع ہوتا ہے جو ادبی تنقید کے جمود اور اس کے بعد موت کا ذمہ دار ہوتا ہے۔ یقیناً ماضی کی ادبی تحریریں ہم سب کی رہنمائی کرتی ہیں، مگر خدا نے ہمیں اپنے دل و دماغ بھی تو عطا کر رکھے ہیں جن سے کام لینا ہمارا فرض بھی ہے اور عبادت بھی۔ ادب کا استاد اپنے اعلیٰ منصب کے ساتھ صرف اسطرح انصاف کر سکتا ہے کہ جن اہلِ قلم کے بارے میں اسے طلبا کو بتانا ہے، انکا بالاستیعاب مطالعہ کرے۔ انکی خوبیوں اور خامیوں کے بارے میں اپنی رائے قائم کرے، اس کے بعد بے شک اپنی آراء کا مقابلہ ماضی کے نقادوں کی آراء سے کرے، مگر مرعوب ہو کر نہ کرے بلکہ اس یقین کے ساتھ کرے کہ

ماضی کے نقادوں سے کوتاہیاں بھی سرزد ہو سکتی ہیں۔ اور ہر بڑا فنکار ہر دور میں نئے سرے سے دریافت کیا جا سکتا ہے۔ اس حقیقت سے روگردانی کا نتیجہ یہ ہے کہ فیض اور راشد کے ساتھ، ایک ہی سانس میں مجاز اور جذبی کا بھی ذکر کر دیا جاتا ہے، یہ ذکر برسوں سے کیا جارہا ہے----------

حالانکہ مجاز اور جذبی بیسیوں دیگر شعرا کے مقابلے میں اس پائے کے شاعر نہیں ہیں۔ مگر مشکل یہ ہے کہ مصروفیتیں بڑھ گئی ہیں، نئی زندگی میں تندی اور تیزی آگئی ہے، مطالعے کا وقت تو شاید مل جاتا ہو مگر اس مطالعے سے اپنے اندازے مرتب کرنے کا وقت کسی کو نصیب نہیں ہے--------یا شاید میں نے "وقت" کا لفظ غلط استعمال کیا ہے اور مجھے یہاں "شوق" یا "لگن" کا لفظ استعمال کرنا چاہیئے تھا۔

(۵) نصابِ تعلیم میں سے اقبال کا اخراج

(مئی1970ء)

اس وقت مجھے یومِ اقبال کی وہ پہلی تقریب یاد آرہی ہے جو 1937ء میں لاہور میں منعقد ہوئی تھی۔ اقبال کے اعزاز میں اس یادگار تقریب کا اہتمام کرنے والوں کے نام، اس وقت کے پنجاب کے وزیراعظم اور اقبال کے ایک اہم سیاسی حریف سر سکندر حیات خان نے ایک پیغام دیا تھا۔ سر سکندر حیات نے اپنے پیغام میں اقبال کی شاعرانہ اور فلسفیانہ عظمت کو خراجِ تحسین پیش کرنے کے بعد تجویز کیا تھا کہ اس موقعے پر شاعرِ مشرق کی خدمت میں روپیوں کی ایک تھیلی پیش کریں۔ اقبال کے فقرِ غیور نے یہ کہہ کر اس تجویز کو رد کر دیا تھا کہ:

"عوام کی ضروریات بحیثیت مجموعی کسی ایک فردِ واحد کی ضروریات سے کہیں زیادہ اہم ہوتی ہیں، خواہ اس کی تصانیف عامۃ الناس کے لیے روحانی فیض کا ذریعہ ہی کیوں نہ ہوں۔ ایک شخص اور اس کی ضروریات ختم ہو جاتی ہیں لیکن عوام اور انکی ضروریات ہمیشہ باقی رہتی ہیں۔ مقامی اسلامیہ کالج میں اسلامیات سے متعلق طرزِ جدید پر تحقیقی شعبہ کا قیام صوبے کی اہم ترین ضرورت ہے کیونکہ ہندوستان کے کسی اور صوبے میں اسلامی تاریخ، الٰہیات، فقہ اور تصوف سے لاعلمی کی وجہ سے اتنا فائدہ نہیں اٹھایا گیا جتنا پنجاب میں۔ یہ بہترین وقت ہے کہ اسلامی فلسفہ اور زندگی کا غائر مطالعہ کر کے لوگوں پر واضح کیا جائے کہ اسلام کا اصل مقصد کیا ہے، اور کس طرح اس خول نے جو موجودہ ہندوستانی مسلمانوں کے ضمیر پر چھایا ہوا ہے، اسلامی اصولوں اور خیالات کو دبا دیا ہے۔

اس خول کو فوراً دور کرنے کی ضرورت ہے تا کہ نئی پود کا ضمیر اس آلائش سے پاک ہو کر فطری اور آزادانہ طریق پر پرورش پا سکے۔

اس قسم کے ادارے سے اب بھی مسلمان کافی فائدہ اٹھا سکتے ہیں کیونکہ اسلام ایشیائی قوموں کی زندگی میں بڑا اہم جزو ہے اور بنی نوع انسان کی مذہبی اور عقلی ترقی میں اس کا بہت بڑا حصہ ہے۔ مجھے امید ہے کہ وزیرِ اعظم میری تجویز سے اتفاق کریں گے اور اپنے رسوخ کو استعمال میں لا کر اس تجویز کو کامیاب طور پر عملی جامہ پہنائیں گے۔ میں اس فنڈ میں سو روپے کی حقیر رقم پیش کرتا ہوں۔"

اقبال کے اس بیان کے طویل اقتباس کو اتنے برس بعد دہرانے کی ضرورت اس لئے پیش آئی کہ بستر مرگ پر اقبال کو ہماری جس ضرورت کا احساس تھا، وہ اب تک پوری نہیں ہوئی۔ برٹش انڈیا کی اہم برسرِ اقتدار شخصیت سر سکندر حیات نے اگر اس سلسلے میں اپنے رسوخ سے کام نہ لیا تو انکی کچھ مجبوریاں ہونگی۔ اسی طرح اسی زمانے میں اقبال نے "الازہر" کے انداز کی اسلامی یونیورسٹی کے قیام کے لیے مشرق کے مسلمانوں اور یورپ کے اسلام پسندوں سے جو طویل خط و کتابت کی تھی وہ اگر بے نتیجہ رہی تو اس کا بھی اتنا غم نہیں کہ اس زمانے میں ہم برٹش سامراج کے محکوم تھے مگر آج طلوعِ آزادی کے اتنے برس بعد بھی اقبال کی ان عزیز ترین تمناؤں کا محض خواب و خیال بنے رہنا کیا معنی رکھتا ہے اور اس سلسلے میں کیا ہماری مجبوریاں سر سکندر حیات جیسی ہیں۔

مجھے اس سوال کا جواب اثبات میں دے کر سخت رنج ہو رہا ہے، مگر حقیقت یہی ہے کہ اقبال کے خوابوں کے اس دیس میں، اقبال کے تصورِ تعلیم و تربیت کو ایک ٹھوس اور زندہ شکل دینے میں ہمیں سراسر ناکامی ہوئی ہے اور اب تو یہ حالت ہے کہ رفتہ رفتہ اقبال کو ہمارے نصابی تعلیم میں سے خارج کیا جا رہا ہے۔ اس المناک عمل کی ابتدا 1954ء کے

لگ بھگ ہوئی جب ہم نے غیر ممالک سے اقتصادی امداد لینا گوارا کیا۔ اقتصادی امداد کے ساتھ ساتھ تعلیمی مشیر آئے اور ان غیر ملکی تعلیمی مشیروں کی رہنمائی میں ہونے والی ہر اصلاح کے ساتھ خود شکنی و خود نگری، خود اعتمادی و خود انحصاری کا درس دینے والے اقبال کے لیے ہمارا نصابِ تعلیم تنگ سے تنگ تر ہوتا چلا گیا۔

اس المیے کو آپ کیا کہیں گے کہ آزاد پاکستان کے ایم اے اردو کے نصاب میں بھی اقبال کے کلام پر سنسر شپ عائد ہے۔ پورا اقبال ہم یونیورسٹی طلبا تک کو نہیں پڑھاتے۔ "بالِ جبریل" کا وہ حصہ ایم اے نصاب سے خارج ہے جس میں کہیں لینن خدا کے حضور میں دکھائی دیتا ہے۔ کہیں پنجاب کے پیرزادوں کی سرکار پرستی اور دین فروشی پر طنز کرنے اور الارض اللہ کی قرآنی صداقت کی حسین ترین شاعرانہ اور فلسفیانہ توجیہہ کرنے میں مصروف نظر آتے ہیں اور کہیں ہمیں خدا فرشتوں سے مخاطب ملتا ہے۔

اٹھو مری دنیا کے غریبوں کو جگا دو
کاخِ امراء کے در و دیوار ہلا دو
کیوں خالق و مخلوق میں حامل رہیں پردے
پیرانِ کلیسا کو کلیسا سے اٹھا دو

یہاں یہ تذکرہ دلچسپی سے خالی نہ ہو گا کہ اسی لاہور میں ایک صاحبِ سیاست اور ماہرِ دینیات نے اقبال کے ان اشعار پر تبصرہ کرتے ہوئے انکشاف کیا تھا کہ ایسے اشعار پر توجہ دینے کی ضرورت اس وجہ سے نہیں ہے کہ اول تو یہ اقبال کا پیغام نہیں ہے، خدا کا پیغام ہے جو انسانوں کی بجائے فرشتوں کے نام ہے اور دوسرے یہ کہ اس میں بھی شاعرانہ مبالغے سے کام لیا گیا ہے۔ یعنی خدا، کاخِ امراء کے در و دیوار ہلا ڈالنے کے حق میں نہیں ہے۔ اقبال کو گلہ تھا کہ:

خود بدلتے نہیں، قرآں کو بدل دیتے ہیں
ہوئے کس درجہ فقیہانِ حرم بے توفیق

اور ہم اپنی جمود پسندی میں اتنے راسخ ہو چکے ہیں کہ قرآن کے علاوہ اقبال کو بھی بدلنے کے درپے ہیں۔ خیر یہ تو ایک جملہ معترضہ تھا، مگر اس سے بھی یہ اندازہ ہو سکتا ہے کہ ہمارے ہاں، اقبال کی انقلابی فکر سے خائف قوتیں فکرِ اقبال کو تاویل کے پھندوں میں گرفتار کر کے نئی نسل کو اقبال کے تصورات سے ناآشنا رکھنے میں کس حد تک سرگرمِ کار ہیں۔

چند برس پہلے ڈاکٹر امداد حسین نے بی اے کے انگریزی نصاب میں اقبال کا وہ خطبہ شامل کیا تھا جو نظریۂ پاکستان کی اساسی دستاویز ہونے کے علاوہ انگریزی نثر کا ایک عمدہ نمونہ بھی ہے۔ اب یہ کتاب بی اے کے لازمی انگریزی نصاب سے صرف اس بنا پر خارج کر دی گئی کہ یہ مشکل ہے۔ میں یہ ماننے کو اس لیے تیار نہیں کہ اس کی جگہ Raweinson Prose رکھی گئی ہے جو اس سے زیادہ مشکل ہے۔ ہاں موجودہ کتاب میں یہ خوبی ضرور موجود ہے کہ اس میں براہِ راست اور بالواسطہ دونوں ذریعوں سے اسلام کی بجائے ایک اور مذہب کی تبلیغ کی گئی ہے۔ اگر بفرضِ محال یہ مان بھی لیا جائے کہ نثر کی نئی کتاب آسان ہے، تو بھی میں پوچھتا ہوں کہ کیا ہم اپنی نئی نسل کو نظریۂ پاکستان سے محض اس بنا پر دور رکھنا پسند کریں گے کہ اس کی اساسی دستاویزات کی نثر مشکل ہے۔ ہرگز نہیں، اقبال کا وہ خطبہ اور مولانا حسین احمد مدنی کے جواب میں مشہور بیان ہمارے تعلیمی نصاب کی ہر سطح پر کسی نہ کسی انداز میں ضرور پڑھانا چاہیئے۔ میرے خیال میں ایسا کرنا اس وجہ سے بھی ضروری ہے کہ انگریزی اور اردو میں ایسے حسین نثر پارے کم ہی ہیں۔ مگر ہمارے تعلیمی مشیروں اور ماہروں کا کہنا ہے کہ:

اقبال یہاں نام نہ لے علمِ خودی کا

موزوں نہیں مکتب کے لیے ایسے مقالات
بہتر ہے کہ بیچارے ممولوں کی نظر سے
پوشیدہ رہیں باز کے احوال و مقامات
آزاد کا اندیشہ حقیقت سے منور
محکوم کا اندیشہ گرفتارِ خرافات

ہمارے نصابِ تعلیم کے ناخدا اقبال کے ساتھ جس مسلسل بدسلوکی میں مصروف رہے ہیں اور ہیں، اس سے آپ مجھ سے کچھ زیادہ ہی آشنا ہونگے۔ میں نے یہ چند مثالیں اس لئیے پیش کی ہیں ک میری نظر میں یہ پاکستان کی زندگی اور موت کا مسئلہ ہے۔ اقبال نے 1932ء میں آل انڈیا مسلم کانفرنس کے مندوبین سے شکایت کی تھی:

"ایک مدتِ مدید سے ہندی مسلمانوں نے اپنی اندرونی کیفیات کی گہرائیوں کو چھوڑ رکھا ہے، اس کا نتیجہ یہ ہوا ہے کہ وہ زندگی کی پوری تابندگی اور آب و تاب کو دیکھ نہیں پاتا اور اس لئے یہ اندیشہ ہے کہ وہ ان قوتوں کے ساتھ کسی بزدلانہ صلح پر تیار ہو جائے گا جو اس کے نزدیک ناقابلِ عبور ہیں۔"

اقبال ہم سے ابھی تک شاکی ہیں۔ اقبال اور بہت کچھ ہونے کے علاوہ ہمارا اجتماعی حافظہ اور اجتماعی تخیل بھی ہیں۔ اس حافظہ و تخیل سے نئی نسل کو محروم رکھ کر کہیں نوجوان پاکستان کو باطل کی قوتوں کے ساتھ کسی بزدلانہ صلح کے لیے تیار تو نہیں کیا جا رہا؟ یہ سوال ایک ایسا چیلنج ہے جسکے مقابلے کے لیے پوری قوم کو تیار ہو جانا چاہیئے۔ اور ان لوگوں کے لیے تو یہ چیلنج اور بھی زیادہ اہمیت رکھتا ہے جو درس و تدریس کا مقدس فریضہ انجام دینے میں مصروف ہیں۔

(۶) پاکستان کی نئ نسل اور جدید ادب

(جون1967ء)

اردو کے ایک مشہور شاعر عارف عبد المتین نے رسالہ "اوراق" کی تازہ اشاعت کے اداریے میں اربابِ تعلیم کو مشورہ دیا ہے کہ وہ طلبا کو نظمِ آزاد سے محروم نہ رکھیں کیونکہ نظم آزاد اردو کی چند مقبول اصناف میں ہمیشہ کے لیے شامل ہو چکی ہے اور ---------- "آج ہمارے ملی و شخصی ضمیر کی آواز جس شعری سانچے میں سب سے زیادہ ڈھل رہی ہے وہ نظم آزاد ہی ہے۔" ------- یوں درسی کتابوں میں نظم آزاد کے بعض اعلیٰ اور مکمل نمونوں کی شمولیت ضروری ہو جاتی ہے اور پنجاب یونیورسٹی کے وائس چانسلر پروفیسر حمید احمد خان کو اس طرف بطورِ خاص توجہ کرنی چاہیئے کہ وہ بنیادی طور پر ادب کے آدمی ہیں۔ "اور انکی سلامتِ فکر اور بیباکیِ عمل مسلمہ ہے۔" ---------- عارف صاحب کی یہی سطور میرے اس مضمون کی محرک ہیں۔ مگر درسی کتابوں میں جدید ادب کے نمائندہ نمونے شامل کرنے سے متعلق میر انقطۂ نظر ذرا سا مختلف ہے۔ میں درسی کتابوں میں راشد، میر اجی اور بعض دوسرے "آزاد" شاعروں کی منتخب نظمیں شامل کرنے کا پر زور حامی ہوں۔ مگر مشکل یہ ہے کہ صرف نظمِ آزاد ہی "جدید ادب" کی نمائندگی نہیں کرتی اور اربابِ تعلیم سے میر امطالبہ یہ ہے کہ وہ پاکستان کی نئ نسل کو پاکستان کے جدید ادب سے محروم نہ رکھیں۔ کیونکہ اسطرح وہ ایک ایسی بوالعجبی کا ارتکاب کر رہے ہیں جیسے ریل اور ہوائی جہاز کے اس زمانے میں کسی شخص کو بیل گاڑی میں بٹھا کر لاہور سے کراچی روانہ کر دیا جائے۔

شروع ہی میں واضح کر دوں کہ "نئی نسل" سے مری مراد وہ نونہالانِ وطن ہیں جو اس وقت سکولوں، کالجوں اور یونیورسٹیوں میں زیرِ تعلیم ہیں۔ اور "جدید ادب" سے میری مراد وہ سارا معیاری، شعری اور نثری ادب ہے جو اقبال کے بعد اب تک تخلیق ہوا ہے۔ ہماری درسی کتابوں کے مندرجات کچھ عرصہ پہلے تک تو اقبال پر آ کر ختم ہو جاتے تھے۔ پھر حافظ محمود شیرانی مرحوم نے جوش، حفیظ اور اختر شیرانی کو بھی شامل کیا۔ اس کے بعد درسی کتابوں میں صرف اکا دکا نئے شاعروں کا اضافہ ہوا ہے۔ مگر یہ شاعر نہ تو "جدید ادب" کے نمائندے قرار دیے جاسکتے ہیں اور نہ انکا فنی مرتبہ اتنا بلند ہے کہ فیض اور راشد اور میراجی وغیرہ کو نظر انداز کر کے انکی تخلیقات کو درسی کتابوں میں شامل کیا جائے۔ جس طرح اقوام متحدہ میں چین کی نشست پر فارموسا کو بٹھا کر چین کو نمائندگی دینے کا دعوی نہیں کیا جا سکتا کیونکہ جزیرہ فارموسا پر تو امریکہ کا منظورِ نظر ہونے کی "پاداش" میں چین کے سے نیم براعظم کی نمائندگی ٹھونس دی گئی ہے، اسی طرح اکا دکا منظور نظر شاعروں کو درسی کتابوں میں شامل کر کے جدید ادب کے قاری کو یہ دھوکا نہیں دیا جاسکتا کہ نئی نسل کو جدید ادب بھی پڑھایا جارہا ہے۔ اور نئی نسل کو نئے ادب سے محروم رکھنا ایسا ہی ہے جیسے کسی کو تازہ ہوا اور دھوپ سے محروم کر دیا جائے اور پھر حیران ہوا جائے کہ یہ نسل زرد رو اور نحیف و نزار اور قنوطی کیوں ہے اور یہ پوری شان اور شدت سے زندہ رہنے کی بجائے اپنی ساری زندگی موت کے فرشتے کی چاپ سننے میں کیوں گزار دیتی ہے۔

یقیناً نئی نسل کے لیے کلاسیکی ادب کی تعلیم نہایت ضروری ہے کیونکہ اس ادب کا مطالعہ نوجوانوں کے ذہن میں اپنی تہذیبی اور ثقافتی قدروں اور روایتوں کی بنیاد قائم کرتا ہے۔ پھر اس ادب کا مطالعہ اس لیے بھی ضروری ہے کہ قدیم و جدید کا تقابلی مطالعہ کیا جا

سکے اور اس امر کا تجزیہ کیا جا سکے کہ ہمارا قومی ذہن کہاں سے سفر کر کے کہاں تک پہنچا ہے اور وہ کون سے تقاضے تھے جن کے تحت یہ تبدیلیاں عمل میں آئیں۔ مگر یہ تقابلی اور تجزیاتی مطالعہ جبھی ممکن ہے جب نئی نسل کو جدید ادب بھی پڑھایا جائے اور اس پر اس عصر کی شخصیت کے خد و خال بھی واضح ہوں جس میں وہ سانس لے رہا ہے اور جس کی کٹھن راہوں کو طے کر کے اسے مستقبل کو سنبھالنا اور سنوارنا ہے۔ میرا محدود علم یہ بتانے سے قاصر ہے کہ درسی کتابوں میں صرف قدیم ادب کے نمونے شامل کرنے کا سلسلہ کیسے چلا۔ میرا اندازہ ہے کہ یہ بھی میکالے کے سے سامراجی ذہنیت والے ماہرینِ تعلیم کی شرارتوں میں سے ایک شرارت تھی۔ تاکہ محکوم ملک کی نئی نسلیں ان سلگتے ہوئے جذبات اور ان بے قرار امنگوں سے متعارف ہی نہ ہو پائیں جن سے ہر دور کی جدید ادبی تخلیقات لبریز ہوتی تھیں اور جن سے غیر ملکی استحصال کو ہمیشہ شدید خطرہ لاحق رہتا تھا۔ بدقسمتی سے بہت سی دوسری باتوں کی طرح دورِ غلامی کی یہ روایت بھی ہمارے ہاں کم و بیش بدستور قائم ہے اور یہ اس حقیقت کا دردناک ثبوت ہے کہ ہمارے اربابِ تعلیم پر بھی آزادی کا مفہوم پوری طرح واضح نہیں ہے۔ درسی کتابوں میں سے "یارب رہے سلامت فرمانروا ہمارا" اور "انگریزی راج کی برکتیں" قسم کے مضامین کو خارج کر دینے سے غلامی کے ٹھپے اتر نہیں جاتے۔ برصغیر میں انگریز کا رائج کردہ نظامِ تعلیم توبراہ راست ہماری نئی نسلوں کے لاشعور تک پر حملہ آور رہتا تھا۔ اس کا تخریبی عمل زیادہ تر نفسیاتی تھا۔ اس کے اثرات بیشتر غیر محسوس تھے، مگر حصولِ آزادی کے بعد تو اس نظامِ تعلیم کے تمام ڈھکے چھپے رازوں کو فاش ہو جانا چاہیئے تھا اس لیے کہ آزادی صرف نظامِ حکومت ہی کو تو نہیں بدلتی، وہ تو نظامِ فکر کو بھی بدلتی ہے اور اگر نظامِ فکر نہ بدلے تو آزادی مکمل ہی نہیں ہو پاتی، وہ ادھوری اور اکثر صورتوں میں نمائشی آزادی ہوتی ہے۔

اقبال نے ان دنوں انتقال کیا جب ان کے طرزِ فکر کے اثرات ادیبوں کی نئی نسل کے ذہنوں پر پوری طرح مرتسم ہو چکے تھے اور ساتھ ہی جب "شفق نہیں مغربی افق پر، یہ جوئے خوں ہے، یہ جوئے خوں ہے" کا انتباہ ایک سچی پیش گوئی ثابت ہونے والا تھا، 1938ء سے 1947ء تک کے عرصے میں اس دور کے اہلِ قلم کی نئی نسل نے جو ادب تخلیق کیا وہ ہماری قومی تاریخِ حریت کا ایک ناقابلِ فراموش حصہ ہے۔ پھر اس زمانے میں جو افسانے لکھے گئے انکا جواب کم سے کم ایشیا کا تو کوئی دوسرا ملک نہیں دے سکتا۔ اسی طرح نئی نظموں میں بھی ہمارا جذبۂ آزادی جس بے خوفی سے منعکس ہوا، اس پر ان سب لوگوں کو فخر کرنا چاہیئے جن کے ہاتھوں میں قلم ہیں۔ اس دور کی نظم و نثر سے آج کی نئی نسل کو محروم رکھنا اگر ظلم نہیں تو ظالمانہ کوتاہی ضرور ہے۔ ہم یہ کہتے ہوئے تو کبھی نہیں تھکتے کہ ہماری نئی نسل کو آزادی کے مفہوم سے آگاہ ہونا چاہیئے۔ مگر ہم ان لوگوں کی تحریروں کو نئی نسل سے باقاعدہ شعوری طور پر چھپاتے ہیں جو غیر ملکی حکمران کی قوت و جبروت سے بے نیاز ہو کر ان پر واضح کرتے رہے کہ آزادی ہمارا پیدائشی حق ہے اور ہم اپنی سرزمین پر سے تمھارے ناپاک قدموں کو اکھیڑ کر ہی دم لیں گے۔ دس برس کا یہ ادب ہماری ادبی اور قومی تاریخ کا ایک سنہرا باب ہے۔ نئی نسل اس زمانے کے شعر و ادب کے چند نمائندہ نمونوں سے آگاہ ہو گی تو اس کی خود اعتمادی میں اضافہ ہو گا۔ وہ اپنے آپ کو ایک مقدس روایت کا وارث قرار دے گی اور اسے محسوس ہو گا کہ غلامی کتنی بڑی لعنت ہے کہ اس کے خلاف فنونِ لطیفہ تک چیخ اٹھتے ہیں۔ میں تو سمجھتا ہوں کہ غیر ملکی سامراج کے تسلط سے متعلق پڑھے لکھے طبقے کی نفسیات تک کو بدل ڈالنا 1938ء سے 1947ء تک کے اہلِ قلم کا ایک ناقابلِ فراموش کارنامہ ہے۔ یقیناً ان نو دس برسوں میں ایسے اہلِ قلم بھی تھے جنھوں نے اپنی ذات کے خول میں محبوس رہنا پسند کیا اور زندگی

کے ساتھ ادب کے رشتوں سے انکار کرتے رہے اور قومی خواہشات کو ادب کی صورت بخشنے پر ناک بھوں چڑھاتے رہے کہ اس طرح تو ادب سیاست سے آلودہ ہو جائے گا۔ مگر ایسے اصحابِ ذوق کی تعداد بھی کم تھی اور وہ پڑھے بھی کم ہی جاتے تھے۔ اس لیے ہمارے فہمیدہ طبقے کا بیشتر حصہ ان کے مردہ اور جامد اور محکومیت پسند رجحانات سے محفوظ رہا۔ چنانچہ جب میں ان نو دس برس کے ادب پاروں کے انتخابات کو پاکستان کی درسی کتابوں میں شامل کرنے کے لیے کہتا ہوں تو میری مراد ان ادب پاروں سے ہے جن میں یہ روحِ آزادی دھڑک رہی ہے اور درسی کتابوں میں شامل نہ ہونے کے باوجود دھڑکتی رہے گی۔ سو یہ ادب پارے اگر ہماری نئی نسل کے سامنے نہیں لائے جاتے تو اس سے ان ادب پاروں کی اہمیت ختم نہیں ہو جاتی بلکہ اصل نقصان نئی نسل کو اور ملک کے تہذیبی مستقبل کو پہنچتا ہے۔

جدید ادب کے بارے میں ان حضرات کا طرزِ عمل غیر حقیقت پسندانہ ہے جو قدیم ادب کے استاد مانے جاتے ہیں۔ قدیم شعر و ادب کی تنقید و تحقیق پر ان کے علمی مرتبے اور شہرت کا محل استوار ہے، مگر جدید ادب کے بارے میں انکا نقطۂ نظر یہ ہے کہ آخر اس ادب میں غزلوں، نظموں، کہانیوں اور ڈراموں کے سوا رکھا ہی کیا ہے۔ تخلیقی ادیبوں کے بارے میں یہ انداز بہت عام ہے اور شاید اسی وجہ سے ہماری یونیورسٹیوں اور ہمارے ادیبوں کے درمیان کوئی افادی رابطہ قائم نہیں ہے۔ مگر معروف شاعروں اور ادیبوں کی طرف سے دانش گاہوں میں لیکچروں کا معاملہ تو رہا ایک طرف، خود جدید ادب ہی ہمارے نظامِ تعلیم کے لیے اجنبی کی حیثیت رکھتا ہے۔ نتیجہ یہ کہ جب ہمارا نوجوان فارغ التحصیل ہو کر نکلتا ہے تو وہ اپنی قوم کی نئی سوچوں اور نئے خوابوں سے بے خبر ہوتا ہے۔ وہ عملی زندگی کے میدان میں اس ذہنی بے سر و سامانی کے عالم میں اترتا ہے جیسے کوئی دور

افتادہ گاؤں کا باشندہ زندگی میں پہلی بار لاہور کے گرجتے گونجتے ریلوے سٹیشن پر اترے۔ اب تو خوش قسمتی سے اردو ایم اے کے امتحان میں زندہ ادیبوں کے بارے میں بھی تحقیقی مقالے لکھنے کا سلسلہ جاری ہے، مگر چند برس پہلے کی ذہنیت اس واقعے سے پوری طرح نمایاں ہوتی ہے کہ جب ایک طالب علم نے ایک مشہور زندہ ادیب کے بارے میں تحقیقی مقالہ لکھنے کی خواہش ظاہر کی تو اس کے استاد نے کہا۔ "زندہ ادیب تو ابھی زندہ ہیں، اس لیے ان پر لکھنے کی کیا ضرورت ہے۔ تمھارا فرض تو یہ ہے کہ تم مردہ ادیبوں کو زندہ کرو۔" ـــــــــــ اس مردہ پرستی کی وجہ شاید یہ ہو کہ ہمارے اساتذہ بھی نئے خیالوں اور نئے جذبوں سے ڈرتے ہیں یا پھر وہ ادب سے متعلق اپنی پرانی معلومات میں کوئی اضافہ، کوئی ترمیم و تنسیخ نہیں کرنا چاہتے۔ یہ صورتِ حال بھی شاید اس آسائش پسندی اور تساہل کا ایک حصہ ہے جو روپیہ کمانے کے سوا، قومی زندگی کے ہر اہم شعبے پر مسلط ہے۔

درسی کتابوں میں نظمِ آزاد کی شمولیت کی تجویز، تعلیم میں جدید ادب کی نمائندگی کا محض ایک حصہ ہے۔ یہ ایک حقیقت ہے کہ اب کوئی بھی قوت اردو شاعری میں سے نظمِ آزاد کو خارج نہیں کر سکتی، اور اس صنف کو بھی ہماری درسی کتابوں میں نمائندگی ملنی چاہیئے۔ مگر درسی کتابوں کو "اپ ٹو ڈیٹ" بنانے کے لیے ہمیں اس سطح سے کچھ اونچا ہو کر سوچنا ہو گا۔ ہمیں یہ دیکھنا ہو گا کہ کیا اردو کے جدید افسانے ہماری درسی کتابوں میں شامل ہیں؟ کیا اردو کی جدید غزل کو ہمارے نصابوں میں نمائندگی حاصل ہے؟ کیا ہماری نئی نسل اس ادب سے متعارف ہے جس نے آزادی سے پہلے کے دس برس میں ذہنیتوں کو بدلا اور ذہنوں کو ڈھالا؟ مروجہ درسی کتابوں میں جو نئے نام نظر آنے لگے ہیں وہ کہیں محض اشک شوئی کا ذریعہ تو نہیں؟ کیا یہ حقیقت نہیں کہ یہ "نئے" موضوع و مواد کے

معاملے میں بہت پرانے ہیں اور روحِ عصر انہیں چھو کر بھی نہیں گئی ہے؟ یہ درست ہے کہ گزشتہ ربع صدی سے ہم اپنی درسی کتابوں میں مسلسل ایسے لوگوں کے نام دیکھ رہے تھے جن کا علمی و ادبی مرتبہ ابھی تک طے نہیں ہے۔ ان میں سے بعض کے بارے میں تو ثقہ حلقوں میں یہ تک مشہور ہے کہ جو کچھ انہوں نے لکھا ہے وہ خود انہوں نے نہیں لکھا اور انکی شہرت کے محل دوسروں کی محنت و ریاضت پر قائم ہیں اور ان رازوں کو فاش کرنے کے لیے وقت کو کسی قلندر قسم کے قلمکار کا انتظار ہے۔ یہ بیشتر لوگ محض اپنے معاشرتی رشتوں اور اپنے اثر و رسوخ کی وجہ سے ہماری درسی کتابوں میں گھسے رہے اور اب تک گھسے ہوئے ہیں۔ ان میں جن لوگوں کے نام بڑھائے گئے ہیں وہ جدید ادب کے نمائندے نہیں ہیں اور نہ انہیں جدید ادب کی مختلف اصناف کی نمائندگی کا حق حاصل ہے۔ سو اگر ایسی درسی کتابیں مرتب کرنا مقصود ہو جو ایک آزاد قوم کی نئی نسل کی ذہانت کے شایانِ شان ہوں تو ان کتابوں کے مرتبین کو متعدد تعصبات سے پیچھا چھڑانا ہو گا۔ انہیں اپنی ذاتی اور گروہی پسند سے اونچا ابھرنا ہو گا اور اس ناقابلِ تردید حقیقت کو تسلیم کرنا ہو گا کہ جدید ادب، وقت کی طرح بہت آگے نکل چکا ہے۔ صرف جدید اردو غزل کو غور سے پڑھیئے تو آپ کو معلوم ہو گا کہ یہ غالب اور اقبال کی غزل سے استفادے کے باوجود انکی غزلوں سے سراسر مختلف ہے کیونکہ یہ بیسویں صدی کے نصف آخر کی غزل ہے۔ نئی نسل اگر اس غزل سے محروم ہو گی تو اس کا مطلب یہ ہو گا کہ وہ روح کے اس کرب سے محروم ہے جو ایک مثبت کرب ہے اور جو تعمیرِ نو کی ناگزیر شرط ہے۔ میں سمجھتا ہوں کہ جدید غزل نے روحِ عصر کی جس بھرپور انداز میں نمائندگی کی ہے، وہاں تک نظمِ آزاد فی الحال نہیں پہنچ سکی۔ مگر اس کا مطلب یہ نہیں کہ درسی کتابوں میں صرف غزل کے چند نمونے شامل کر کے اپنے فرائض سے عہدہ برآ ہو لیا جائے۔ درسی کتابوں میں

جدید غزل، جدید پابند نظم، جدید نظمِ آزاد، جدید افسانے، جدید ڈرامے اور جدید تنقید سب کو نمائندگی حاصل ہونی چاہیئے۔ کیونکہ ایسا کئے بغیر ہم نئی نسل کے ساتھ دیانتدارانہ برتاؤ نہیں کر سکیں گے اور اسے ان سوچوں اور خوابوں سے بے خبر رکھیں گے جن سے باخبر رہ کر ہی نئی نسل مستقبل کی امانت کو خود اعتمادی اور وقار کے ساتھ سنبھال سکے گی۔

(۷) شعر و شاعری کا فائدہ

(مئی 1967ء)

گذشتہ دنوں لائل پور کی ایک ادبی تقریب میں وہاں کے ایک مشہور دانشور نے اس امر پر افسوس کا اظہار کیا کہ ہمارا معاشرہ بھی، صنعتی لحاظ سے بے انتہا ترقی یافتہ مغرب کی طرح، شاعری، مصوری اور موسیقی وغیرہ کے بارے میں یوں سوچنے لگا ہے کہ آخر ان کا "فائدہ" کیا ہے؟ یہ لوگ فائدے کے لفظ کو مادی منافع کے معنوں میں استعمال کرتے ہیں اور حیران ہوتے ہیں کہ جب شعر کہنے اور گیت گانے سے کچھ "حاصل حصول" نہیں ہوتا تو معاشرے کے پڑھے لکھے طبقے کا ایک ذہین حصہ اپنا وقت فنونِ لطیفہ پر کیوں ضائع کرتا ہے۔ جب کہ ایک تھان کپڑے کی پیداوار ایک نظم کی تخلیق سے کہیں زیادہ منفعت بخش ہے۔ جب پھول کا ذکر آتا ہے تو وہ زیادہ سے زیادہ گوبھی کے پھول کے بارے میں سوچ سکتے ہیں اور گلاب کا پھول ان کے نزدیک صرف یہ اہمیت رکھتا ہے کہ اس سے گلقند بنائی جاسکتی ہے جسکے استعمال سے نظامِ ہضم درست رہتا ہے۔

اگر "افادیت پسندی" (Utilitarianism) کسی معاشرے کی صنعتی ترقی کا ناگزیر نتیجہ ہے تو جب بھی ہم فی الحال اس حد تک ترقی یافتہ نہیں ہو پائے کہ انسان کو مشین کا ایک پرزہ سمجھ لیں جو دوسروں پرزوں سے صرف اس لحاظ سے مختلف ہے کہ اس پرزے کا دماغ بھی ہے اور یہ کبھی کبھی معین مشینی دائرے کو توڑنے پر بھی تل جاتا ہے۔ ہماری معیشت ابھی تک زرعی ہے اور زمین اور اس کی مٹی کی باس کے ساتھ زرعی معیشت کے جو رشتے ہوتے ہیں، وہ ہمارے روزمرہ کے تعلقات میں آج بھی نمایاں ہیں۔ یوں اگر ہم

بھی اہلِ مغرب کی طرح افادیت پسند ہو رہے ہیں تو اس کی وجہ یہی ہو سکتی ہے کہ ہم صدی دو صدی کی غلامی کے باعث آزادی کے بیس برس بعد بھی اپنی تہذیب اور اپنے ماحول کے بارے میں احساسِ کمتری کے مریض ہیں۔ اور اس معاملے میں بھی مغرب کی یوں اندھا دھند نقالی کر رہے ہیں جیسے اپنی نئی عمارتوں کو ہم واشنگٹن اور لنڈن کی عمارتیں بنانے پر تلے ہوئے ہیں۔ اور مغرب کی نقالی کا جنون ہمیں اتنی سی بات پر بھی غور کرنے کی مہلت نہیں دیتا کہ ہم گرم ملک کے رہنے والے ہیں۔ جہاں سایہ درکار ہوتا ہے اور ہوا کی آزادانہ آمد و رفت درکار ہوتی ہے اور دھوپ کی براہ راست تمازت سے بچنے کے لیے تہ خانے اور دوسرے کونے کھدرے درکار ہوتے ہیں۔ پھر یہ بھی ضروری نہیں کہ کسی معاشرے کے صنعتی ہو جانے سے اس کا فنونِ لطیفہ سے بے نیاز ہو جانا ضروری ہو جائے۔ صنعت انسان کے نازک احساسات کو کند تو شاید کر دیتی ہو مگر جب تک انسان کی جسمانی ساخت میں کوئی انقلابی تبدیلی نہیں آجاتی یعنی جب تک اس کا دل دھڑکتا ہے اور اس کا دماغ سوچتا ہے اور اس کے اعصاب تنتے اور ڈھیلے ہو جاتے ہیں اور اسے خیال سے اور آواز سے اور رنگ سے محبت ہے، انسان کے لیے فنونِ لطیفہ کی "افادیت" ختم نہیں ہو سکتی۔ آج اگر صنعتی لحاظ سے ترقی یافتہ مغرب، فنونِ لطیفہ خاص طور سے شاعری سے برگشتہ نظر آ رہا ہے تو یہ اس نو دولتیے کی سی برگشتی ہے جو سمجھتا ہے کہ وہ روپے کی قوت سے جسمانی آسائشوں کے علاوہ روحانی احتراز بھی خرید سکتا ہے۔ ظاہر ہے کہ یہ بالکل عارضی کیفیت ہے کیونکہ فنونِ لطیفہ تو انسانی روح کی طرح غیر فانی ہیں۔

جان اسٹورٹ مل کے "فلسفۂ افادیت پسندی" (یوٹیلیٹیرینزم) کو آج کے مادیت پسند معاشرے نے "فلسفۂ مفاد پرستی" بلکہ "منافع پرستی" بنا لیا ہے۔ یہی وجہ ہے کہ جب کسی "اونچی" محفل میں کسی شاعر یا اس کی شاعری کا ذکر ہوتا ہے تو لوگ ایک دوسرے

سے پوچھتے ہیں کہ آخر اس شاعر اور مال روڈ پر بھیک مانگنے والے اپاہج گداگر کے درمیان معاشرتی مفاد کے معنوں میں کونسا فرق باقی رہ جاتا ہے؟ پھر جب وہ کوئی شعر کہتا ہے تو کیا وہ مشین کا کوئی نیا پرزہ بناتا ہے یا "انرجی" کا کوئی نیا نسخہ تجویز کرتا ہے کہ چار طرف شور اٹھتا ہے کہ لیجیے ایک ہمیشہ زندہ رہنے والا شعر ہو گیا ہے؟ ان سوالوں کا مفہوم یہ ہے کہ آخر شاعر اپنی شاعری سے معاشرے کی مادی خوشحالی میں کیا اضافہ کرتا ہے اور اس کا شعر کتنا زرِ مبادلہ کماتا ہے؟ اگرچہ شاعر اور شاعری کے بارے میں یہ طرزِ فکر صنعتی دور اور ہمارے ملکی حالات کے حوالے سے "مغرب کی اندھا دھند نقالی کے دور" کے ساتھ خاص ہے، مگر پرانے زمانے میں بھی یہ انداز عام تھا کہ جب کوئی باپ اپنے بیٹے کے بارے میں سنتا تھا کہ اس نے غزل کہی ہے تو اس کے اوسان خطا ہو جاتے تھے۔ محض اس لیے کہ یہ باپ بھی اپنے بیٹے کے مستقبل کو زر و جواہر کی میزان میں تولتا تھا اور شاعر کا اثاثہ ہر دور میں زر و جواہر کی بجائے چند پھول اور چند آنسو ہی ہوتے ہیں اور پھول مرجھا جاتے ہیں اور آنسو خاک میں جذب ہو جاتے ہیں۔ اور منڈی میں شاعری کی دکان نہیں کھل سکتی اور بڑے بڑے شہروں کے مضافات میں شعروں کی ملیں نہیں لگائی جاسکتیں۔ یہ اسی ذہنیت کا نتیجہ ہے کہ ایک بار جب میں نے ایک خاصے "انٹلکچویل" قسم کے بزرگ سے کہا تھا کہ آیئے آج آپ کو پاکستان کے چند مشہور شعراء کا کلام سنوائیں تو وہ بولے۔ "میرا قصور؟"

ہمارے ہاں شعر و شاعری کے خلاف یہ اندازِ نظر ایک تو مغرب پرستوں نے پیدا کیا ہے اور دوسرے اس کوتاہ اندیش طبقے نے جو انسان کے ہر نازک جذبے کو گناہ قرار دیتا ہے۔ اس طبقے کا بس نہیں چلتا ورنہ وہ چاند ستاروں کو بجھا دے، افق پر شفق نمودار نہ ہونے دے، انسانی بستیوں میں نسیمِ سحری کا داخلہ بند کر دے، باغوں میں سبزیاں اگائے،

صبح کے اس حسن پر کالک پھیر دے جس سے متاثر ہو کر شاعر نے

ہم ایسے اہلِ نظر کو ثبوتِ حق کے لیے
اگر رسول نہ ہوتے تو صبح کافی تھی

کہا ہے۔ گزشتہ برس میں نے اہلِ ملک سے استدعا کی تھی کہ وہ فنونِ لطیفہ کے سلسلے میں ایک واضح نقطۂ نظر اختیار کریں اور ایسا کرتے ہوئے جذباتیت کی بجائے حقیقت پسندی سے کام لیں اور آرٹ گیلریوں سے محض اس لیے نہ بدکیں کہ وہاں تصویریں رکھی جاتی ہیں جبکہ ہم توہم پرستی کے دور سے صدیوں آگے نکل آئے ہیں اور توحید پر ہمارا عقیدہ چھوئی موئی کا سا نہیں ہے کہ مصوری یا سنگ تراشی کا ایک شاہکار اسے چھو گیا تو وہ خدانخواستہ مرجھا جائے گا۔ میں نے اس ضمن میں اقبال کا حوالہ بھی دیا تھا کہ انہوں نے مرقع چغتائی کا دیباچہ لکھا، جب کہ ہم سب کو معلوم ہے کہ علامہ احیائے اسلام کے سب سے بڑے علمبردار تھے۔ اس پر متذکرہ طبقے کے ایک بزرگ نے مجھے ایک خط لکھا، جسکا ایک اقتباس یہ ہے کہ:

"آرٹ گیلری کیا چیز ہے؟ یہ وضاحت طلب ہے-----------کیا یہ کسی ولی کا مقبرہ ہے؟ کسی شہید کا مزار ہے؟ کوئی عبادت گاہ ہے؟ کوئی رفاہِ عامہ و صحتِ عامہ کا مرکز ہے؟ کوئی درس گاہ ہے؟ آخر یہ کیا چیز ہے؟"

"جن فنکاروں کے آپ نے نام گنوائے ہیں (شاید چغتائی اور اللہ بخش کے نام تھے) وہ بت گر اور بت تراش ہیں-------------علامہ اقبال مرحوم نے مرقع چغتائی کا دیباچہ لکھا تھا، بے شک میں ببانگِ دہل کہتا ہوں کہ انہوں نے فواحش کی پیٹھ ٹھونکی تھی۔ کسی قصص الانبیاء کا دیباچہ تو نہیں لکھا تھا۔ انہوں نے ایک ایسی کتاب کا دیباچہ لکھ کر اپنی ساکھ کھو دی جس سے ملک و قوم کو کوئی فائدہ نہیں پہنچ سکا اور جس کو

اسلامی شائستگی، مجلسی ضوابط، آدابِ معاشرت اور تہذیبی اقدار سے دور کا بھی واسطہ نہیں۔ اب چغتائی صاحب، علامہ اقبال کا کلام مصور کر رہے ہیں۔ کیا وہ وقت ضائع نہیں کر رہے ؟"

ان بزرگ کی یہ تنگ دلی قابلِ مواخذہ نہیں ہے۔ قابلِ مواخذہ وہ نظامِ تعلیم ہے جس نے موصوف کو اس حد تک تنگ دل بنا دیا کہ انکا ارشاد ہے۔

"اللہ کو چاہنے والے غالب اور اقبال کے شعروں پر سر نہیں دھنا کرتے۔"

یہ اندازِ نظر عام ہو رہا ہے، ضرورت اس امر کی ہے کہ اس ذہنیت کو پھیلنے سے روکا جائے اور لوگوں کو بتایا جائے کہ اللہ کو چاہنے والوں کے لیے غالب اور اقبال وغیرہ کے کلام میں اتنا کچھ موجود ہے کہ ایک عام ذہن اس کا احاطہ ہی نہیں کر سکتا۔ اچھی شاعری، اور اچھی مصوری حقیقت کی تلاش کا دوسرا نام ہے۔ اس حسن کو حقیقتِ اولیٰ کہہ لیجئے یا حسنِ مجرد، بہرحال یہ فنون انسان کے دل میں نرمی، ذہن میں گداز اور عادات میں شائستگی پیدا کرتے ہیں۔ یہ ان جذبوں کو جا کر چھوتے اور متحرک کرتے ہیں جو اگر جامد رہیں تو انسانی شخصیت کو بگاڑ کر اسے بیحد کریہہ المنظر بنا دیتے ہیں۔ یہ فنون تہذیب اور معاشرے کا سنگار ہیں۔ آپ گھر سے نکلتے ہیں تو کوشش کرتے ہیں کہ آپ نے صاف ستھرے کپڑے پہن رکھے ہوں، بالوں میں کنگھی کر رکھی ہو، آپ پر ایک اجنبی کی بھی نظر پڑے تو وہ آپ کو مہذب اور معزز سمجھے۔۔۔۔۔۔۔پھر آپ کے طرح آپ کے معاشرے کی بھی ایک شخصیت ہے اور اس شخصیت کا نکھار انہی فنون کے دم سے ہے، یہی فنون ایک اجنبی معاشرے کو بتاتے ہیں کہ آپ کیا سوچتے ہیں، کیا کرنا چاہتے ہیں، قدرت کے مظاہر آپ کو کس طرح متاثر کرتے ہیں۔ انسان کے جسم اور اس کی روح کا حسن کتنا بے پناہ ہے۔ جب ہم کوئی شعر پڑھتے ہیں تو ہمارا خیال کتنی کائناتوں میں گھوم آتا

ہے۔ جب ہم ایک تصویر دیکھتے ہیں تو ہمارے اندر سوئی ہوئی کتنی نیکیاں بیدار ہوتی ہیں اور کتنے شکنجے ٹوٹتے ہیں۔ جب ہم ایک موسیقی کی تان سنتے ہیں تو ہمارے ذہن و ضمیر کے کیسے کیسے ان دیکھے اور غیر محسوس تاروں پر چوٹ پڑتی ہے۔ فنونِ لطیفہ کی یہ وہ "افادیت" ہے جس کی کوئی قیمت لگائی ہی نہیں جاسکتی، جو گراں بہا ہے۔ جسے بنک میں تو جمع نہیں کرایا جاسکتا، البتہ روح کی گہرائیوں اور ضمیر کی تہوں میں ضرور محفوظ کیا جاسکتا ہے اور یہ وہ "بنک" ہے جس تک "وقت کے ڈاکو" کا بھی ہاتھ نہیں پہنچ سکتا۔

فنونِ لطیفہ کے سلسلے میں ہماری افادیت پسند یعنی مفاد پرست اور منافع پرست ذہنیت کو جتنی جلدی بدلا جائے، اتنا ہی ہماری قومی ترقی اور ہمارے تہذیبی احیاء اور ہماری ہمہ جہتی بیداری اور آگاہی کے لیے مفید ہے۔ گو بھی کے پھول کی افادیت اپنی جگہ، مگر گلاب کے پھول کی پتی پر لرزتے ہوئے اوس کے موتی کی بھی افادیت ہے اور اس افادیت کا اندازہ وہ اذہان نہیں لگا سکتے جن کے گرد خول منڈھ دیئے گئے ہوں اور جو صرف معین حد تک سوچ سکتے ہیں اور صرف مقررہ دائرے میں محسوس کر سکتے ہوں۔ ہمارے پاس ہمارا سب سے بڑا اور قیمتی سرمایہ ہماری شاعری کا ہے۔ یہ وہ شاعر تھے جنہوں نے اس وقت بھی مسائلِ حیات پر فکر کرنے کی جرأت دکھائی جب ہمارے "دانشورانِ کامل" نے سب اچھا کا نعرہ بلند کر دیا تھا۔ یہ وہی بے چین اور بے قرار روحیں تھیں جنہوں نے استحصال کی کسی بھی صورت کو کبھی قبول نہ کیا اور اپنی غزلوں اور مثنویوں اور شہر آشوبوں میں اپنے دور کی غیرت مندی کے نقوش ثبت کر گئے۔ ان میں سے جو کم جری تھے وہ معاملہ بندی کے ہو کر رہ گئے مگر اس طرح بھی انہوں نے ایک مفید کام کیا کہ اپنے پڑھنے والوں کو زندگی سے قطعی طور پر مایوس نہ ہونے دیا اور زندگی کو زندہ رہنے کے قابل بنانے کی مقدور بھر کوشش کی۔ آج انکی شاعری کو گناہ کا پروپیگنڈہ قرار دیا جاتا

ہے، لیکن اس وقت خیر کا پروپیگنڈہ کرنے کرنے والے کہاں تھے کہ ہماری غیرت و حمیت کے کلیجے میں یونین جیک گڑا ہوا تھا۔ اور کہیں سے یہ صدا نہیں آتی تھی کہ اس غیر ملکی استبداد سے خلاصی پانا اس دور کی سب سے گراں قدر نیکی ہے۔ اکا دکا مثالوں سے قطع نظر کیجیے کہ ایسے سر پھرے تو ہر طبقے میں مل جاتے ہیں۔ بحیثیت مجموعی گروہوں کے کردار کا جائزہ لیجیے تو ان میں ہمارے شاعروں کا مقام سب سے بلند ہو گا جو کہتے تھے۔

تیری وفا سے کیا ہو تلافی کہ دہر میں
تیرے سوا بھی ہم پہ بہت سے ستم ہوئے

یہ کون سے ستم تھے؟ پڑھنے والے کا خیال کن کن ستم گاروں کی طرف منعطف ہوتا تھا؟ ضمیروں میں شعراء کی طرف سے اس زلزلہ افگنی کی کیا کوئی دوسری مثال ہمارے پاس ہے؟

(۸) فن کا اثبات

(اپریل1970ء)

ایک کرم فرمانے مجھے مشورہ لکھ بھیجا ہے کہ میں قومی تاریخ کے اس دور میں آئندہ چھ مہینے کے لیے نہ صرف تہذیب و فن کے مسائل پر اظہارِ خیال کو ختم کر دوں بلکہ میرے مضامین کا مستقل عنوان بھی "تہذیب و فن" کی بجائے آئندہ ششماہی کے لیے "سیاسیات و معاشیات" رکھ دیا جائے۔ ظاہر ہے کہ یہ مشورہ خلوصِ نیت سے دیا گیا ہے اور ایک ایسے شخص کی طرف سے دیا گیا ہے جسے ملکی حالات سے بہت گہرا لگاؤ ہے اور جو ملکی سیاست کو صراطِ مستقیم پر گامزن رکھنے کی کوشش میں ملک کے ہر فرد کو شامل کرنا چاہتا ہے۔ اس حقیقت سے انکار نہیں کہ آج ہماری سیاست میں جو کچھ ہو رہا ہے اور آئندہ ایک برس کے اندر جو کچھ ہو گا، اسی سے ہمارا جمہوری مستقبل متعین ہو گا اور ہم عملاً اس امر کا ثبوت مہیا کر سکیں گے کہ ایک بہت بڑی عوامی تحریک نے اور بے شمار اور بے بہا قربانیوں نے ہمیں جو آزاد وطن دلایا ہے اس کی آزادی کی ہم قدر کر سکتے ہیں یا نہیں اور اس کے تحفظ کو ہم باقی سب چیزوں پر ترجیح دے سکتے ہیں یا نہیں۔ یہ بھی درست ہے کہ سیاست صرف سیاستدانوں کی میراث نہیں ہے۔ آزاد ملکوں میں ہر شخص سیاسی ہوتا ہے اور اسے سیاسی ہونا چاہیئے۔ ورنہ اگر اس کا ذہن آزادی کا مفہوم کھو بیٹھا تو چند گنے چنے لوگوں کا سیاست پر اجارہ قائم ہو جائے گا اور یہی اجارہ آخر کار ایک من مانی آمریت پر منتج ہو گا۔ میں تو اسی لیئے اس بات کا قائل ہوں کہ اہلِ قلم اور اہلِ علم کو بھی کم سے کم ملکی سیاست پر تو ضرور حاوی ہونا چاہیئے تاکہ انہیں معلوم ہو سکے کہ اجتماعی حیثیت سے وہ

کہاں کھڑے ہیں اور بین الاقوامی سیاسیات کے حوالے سے ان کے ملک نے کون کون سی قابلِ فخر انفرادیتوں کا مظاہرہ کیا ہے اور اگر اس کی انفرادیتیں دبی ہوئی ہیں تو اس کا سبب کیا ہے۔ میں سمجھتا ہوں، صرف وہی دانشور، دانش فروشی کی سطح پر گر سکتا ہے جسے ان سیاسی مصلحتوں کا ادراک ہی حاصل نہیں ہوتا جو اسے دانش فروشی پر مجبور کر دیتی ہے اور دانش فروشی ملکی خود مختاری کی بنیادوں کو کھوکھلا کرنے کی طرف پہلا قدم ہوتا ہے۔ چنانچہ میں سیاسی باخبری کی اہمیت کا تو اعتراف کرتا ہوں مگر یہ مسئلہ میری سمجھ میں نہیں آ سکتا کہ سیاست کی ہمہ گیری پر علم و ادب، شعر و فن اور تہذیب و تمدن کے مسائل کو بھی قربان کر دیا جائے، جیسے وہ سیاسی مؤثرات کی تشکیل سے بالکل غیر متعلق ہیں اور جیسے یہ علوم زمین کی بجائے خلا میں بستے ہیں۔

فنونِ لطیفہ کردار سازی کا اتنا مؤثر ذریعہ ہیں کہ اس کا ثبوت مہیا کرنے کے لیے کسی بہت بڑے تحقیقی کارنامے کی ضرورت نہیں ہے۔ بلکہ قومی تاریخ کا ایک اچٹتا سا مطالعہ ہی کافی ہے۔ پھر یہ تو متفقہ حقیقت ہے کہ سیاسیات کو صراطِ مستقیم پر گامزن رکھنے کے لیے جمہور کی عظمتِ کردار بہت ضروری ہے۔ جمہور کے کردار میں حق گوئی، انصاف، اعتدال اور نرم گفتاری کے عناصر موجود ہونگے تو اربابِ سیاست خود ہی مجبور ہو جائیں گے کہ وہ اپنے معیاروں کو ذرا سا بلند کر کے جمہوری ذہن کو اپیل کرنے کے لیے حق گوئی اور انصاف، اعتدال اور نرم گفتاری کو اپنے کردار کا ایک حصہ بنائیں۔ یہ جو آجکل سیاسی اور علمی سطح پر اسکینڈل بازوں کا ایک گروہ ملک کے طول و عرض میں اچکتا پھاندتا پھر رہا ہے اور یہ جو کل کے بالشتیئے آج کے دیو پیکروں میں بدلے جا رہے ہیں، تو اس کی وجہ بھی صرف یہ ہے کہ ان عناصر کو علم ہے کہ لوگوں کی ایک خاصی بڑی تعداد عقل و فکر اور دلیل و منطق سے زیادہ جذباتیت کی زد میں رہتی ہے۔ اگر ہمارا معاشرہ اس جذباتیت زدگی

سے پاک ہوتا اور مسائل کو عقل و فکر کی کسوٹی پر پرکھنے کے قابل ہوتا یا اسے اس پرکھ کی تربیت دی گئی ہوتی تو مغلظات بکنے والوں کی مجال نہیں تھی کہ وہ یوں کھل کھیلتے اور اپنے ضمیر کی غلاظت کو یوں آزادی سے اچھالتے پھرتے۔ اس کا مطلب یہ ہے کہ ہمیں اس مرحلے پر کردار سازی کی شاید ہر دور سے زیادہ ضرورت ہے۔ کردار سازی کے اور بھی کئی ذرائع ہیں مگر ان ذرائع میں ایک ذریعہ شعر و فن کا بھی ہے۔ شعر و فن تہذیب کے مؤثر ترین اظہار کا دوسرا نام ہوتا ہے اور جب میں یہ کہتا ہوں تو میرے پیشِ نظر معیاری شعر و فن ہوتا ہے۔ اب آپ پوچھیں گے کہ معیاری اور غیر معیاری کے درمیان امتیاز کیسے کیا جائے تو عرض یہ ہے کہ جو شعر و فن، متعلقہ فن کے جمالیاتی تقاضوں کو پورا کرتے ہوئے انسان کو حسن و خیر اور عدل و توازن سے رجوع کرنا سکھاتا ہے اور جو زندگی کا اثبات کرتا ہے اور انسان کے بنیادی جذبوں کی گہرائیوں تک پر اثر انداز ہو کر ان جذبوں کی تہذیب پر قادر ہوتا ہے، وہی معیاری شعر و فن ہے۔ تو گزارش یہ ہے کہ یہی معیاری شعر و فن انسان کا بہت بڑا کردار ساز ہے۔ آپ پھر پوچھیں گے کہ ایک غزل کا پیارا سا شعر یا ایک کامیاب افسانہ، یا ایک مکمل نظم پڑھ کر یا اسٹیج پر ایک ڈرامہ دیکھ کر یا ایک نغمہ سن کر یا ایک تصویر دیکھ کر کسی کے اس کردار پر کیا اثر پڑ سکتا ہے جو نسبی صفات کے علاوہ ایک خاص نوعیت کے ماحول، ایک خاص طرح کی تربیت اور پھر ایک خاص قسم کی جبلت کا مجموعہ ہوتا ہے، تو عرض یہ ہے کہ شعر و فن کا اثر قطعی غیر شعوری طور پر ایک طلسماتی انداز میں ہوتا ہے اور ان اثرات کا پتہ اس وقت چلتا ہے جب متاثر ہونے والا اپنا تجزیہ کرتا ہے اور یہ دیکھ کر دم بخود رہ جاتا ہے کہ وہ تو کندن ہو چکا ہے۔

میں سمجھتا ہوں کہ ایک اچھا شعر پڑھ کر اور ایک اچھا نغمہ سن کر، ایک باذوق یعنی فنی اثرات کو قبول کرنے والے ایک ذہن کو جس اہتزازی کیفیت سے دوچار ہونا پڑتا ہے

اس کا نتیجہ قلب و ذہن کے گداز کی صورت میں نکلتا ہے۔ اور انسان نے تہذیب کی جو منزلیں طے کی ہیں، وہ یہی قلب و ذہن کی گداز ہی کی منزلیں ہیں۔ انسانی کردار کی سب سے بڑی صفت یہی گداز ہے۔ یہ وہ گداز ہے جو انسان کو اپنی ذات کے علاوہ بھی کسی کے بارے میں سوچنا سکھاتا ہے اور وہ دوسرے کے جذبے کی اپنائیت کے احساس کے ساتھ قدر کر سکتا ہے۔ پھر جب ہم دوسروں کے جذبہ و احساس کے احترام پر قادر ہو جائیں تو اسی کیفیت میں سے عدل و توازن کے سوتے پھوٹتے ہیں اور جب عدل و توازن کسی قوم کا کردار بن جاتا ہے تو اس کا نتیجہ ہو گا سیاسی سطح پر کامل سکون، اقتصادی خوشحالی اور روحانی آسودگی۔۔۔۔۔۔ آپ کہیں گے کہ میں الفاظ کی ایک مترنم اور دلآویز ترتیب کے کارنامے۔۔۔۔۔۔یعنی شعر۔۔۔۔۔۔۔کے اثرات کو کھینچ کھانچ کر بہت دور لیے جا رہا ہوں، مگر سچی بات یہ ہے کہ میں مبالغہ نہیں کر رہا ہوں، ایک حقیقت بیان کر رہا ہوں۔

ایک معمولی سی مثال ملاحظہ کیجیے۔ غالب کا ایک شعر ہے:

ہوئی جن سے توقع خستگی کی داد پانے کی
وہ ہم سے بھی زیادہ خستۂ تیغِ ستم نکلے

کیا یہ حقیقت نہیں ہے کہ خستگی کا شکار اپنے آپ کو دنیا کا سب سے زیادہ خستہ انسان سمجھتا ہے، یوں وہ خود ترحمی کا شکار ہو جاتا ہے، قنوطیت زدہ ہو جاتا ہے، عمر بھر شکست خوردہ رہتا ہے اور اپنی ذات سے باہر جھانکنے سے ڈرتا ہے لیکن اگر وہ اس خوف پر غالب آجائے اور اس خول سے نکل کر دیکھے تو اسے معلوم ہو گا کہ اس دنیا میں اس سے بھی کہیں زیادہ "خستۂ تیغِ ستم" موجود ہیں۔ اس انکشاف سے وہ خوش نہیں ہو گا بلکہ اپنی خستگی کا احساس اسے دوسروں کی خستگی میں شریک کر لے گا۔ اور وہ سب کی خستگی کو ختم کرنے کے لیے ایک مثبت جدِ وجہد میں مصروف ہو جائے گا۔ وہ اس کیفیت کے تدارک کی

تجویزیں سوچے گا جس نے ہر انسان کو خستگی کے سپرد کر رکھا ہے۔ ہر انسان کے ساتھ اسے محبت محسوس ہو گی۔ ہر شخص کا دکھ اس کا اپنا دکھ ہو گا۔۔۔۔۔۔۔۔کیا اسطرح غزل کا یہ ایک شعر انسانی جذبات کی تہذیب کا اتنا بڑا کارنامہ انجام نہیں دے ڈالے گا، جو بڑی بڑی تحریکوں کے بھی بس میں نہیں ہوتا۔

مگر شرط یہ ہے کہ شعر پڑھنے، نغمہ سننے اور تصویر دیکھنے والے کا ذہن Receptive ہو۔ فنی اثرات کی قبولیت کے لیے اس کے دروازے وا ہوں۔ لیکن یہ کیسے ممکن ہو؟ یہ صرف اسطرح ممکن ہے کہ ہمارے ہاں تعلیم کے معیار ایسے ہوں کہ اساتذہ جب ادب و فن کی تعلیم دینے بیٹھیں تو محض فرہنگیں کھول کر نہ بیٹھ جایا کریں اور مشکل الفاظ کے معانی بیان کر کے اور شعر و ادب کو سلیس زبان میں منتقل کر کے اپنے منصب سے عہدہ بر آنہ ہو جایا کریں بلکہ متعلقہ فن پارے کی گہرائیوں تک پہنچیں اور اس کے مفاہیم کے پھیلتے ہوئے افقوں سے آگاہ ہوں۔ صرف اسطرح نوجوانوں میں صحیح قسم کا ادبی ذوق پیدا ہو گا۔ اور وہ اس حیات بخش قوت کو اپنے کردار میں رچا سکیں گے۔ مگر جب تک ہمارا فرسودہ طرزِ تعلیم نہیں بدلتا اور ادب کی تعلیم بعض کور ذوقوں کے قبضے میں سے نکالی نہیں جاتی۔ ادب و فن سے اہلِ ملک کا یہ مثبت استفادہ صرف اس ذریعے سے ممکن ہے کہ ہر طرف ادب و فن کے چرچے ہوں۔ ممکن ہے اسطرح پڑھے لکھے طبقے کے افراد اس طرف متوجہ ہو سکیں اور ان کے کردار میں چھپی ہوئی خوبیوں کے تاروں کو چھیڑ سکیں۔ میں جب "تہذیب و فن" کے سلسلے میں مضامین لکھتا ہوں تو مجھے علم ہوتا ہے کہ ان کے مندرجات سے متاثر ہونے والوں کی تعداد محدود ہے۔ مگر میں سمجھتا ہوں کہ اگر مطالعہ کرنے والے ڈیڑھ دولاکھ افراد میں سے ایک سو افراد بھی میری گزارشات کو غور سے پڑھتے ہیں اور ان سے کوئی معمولی سا اثر بھی قبول کرتے ہیں تو مجھے انکی افادیت کا

یقین ہو جاتا ہے۔ سیاست کی گرم بازاری میں کسی بھی شعبۂ زندگی کو نظر انداز کر دینا بہت بڑی غلطی ہے۔ خاص طور سے اس صورت میں جب بعض شعبے سیاسیات کو تہذیبی حدود کے اندر رہنے میں مدد دے سکتے ہیں اور ایک ایسا ماحول قائم رکھ سکتے ہیں جب گالی بکنے والے کو گالی باز سے زیادہ کچھ نہیں کہا جاتا۔ اور اسے قومی رہنمائی اور علمی سربراہی کے منصب سپرد نہیں کئے جاسکتے۔ جب معاشرے میں جذبات کی آتش زنی انتہا پر پہنچ جائے تو چند فقیروں کو شبنم افشانی کے کام سے روکنا نہیں چاہیئے۔ اگر یہ شبنم افشانی چند چنگاریوں کو بھی بجھا سکے تو یہ بھی کوئی معمولی کام نہیں ہے۔

(۹) مادی ترقی اور قومی ثقافت

(اکتوبر 1967ء)

حال ہی میں ایک امریکی ماہر ڈاکٹر پال ایف زیڈ وائفل نے راولپنڈی کی ایک تقریب میں تقریر کرتے ہوئے ثقافت کے بارے میں چند ایسی باتیں کہیں جو غلط بھی تھیں اور ناقابلِ برداشت بھی تھیں۔ انہوں نے کہا کہ ترقی پذیر ممالک (ظاہر ہے کہ افریقی اور ایشیائی ممالک بشمول پاکستان) اس وقت تک سائنس اور ٹیکنالوجی کے میدان میں آگے نہیں بڑھ سکتے جب تک وہ ثقافت سے متعلق اپنے موجودہ تصورات کو ترک نہیں کر دیتے اور مغربی اندازِ نظر نہیں اپناتے۔ اس خیال کو انہوں نے اس دلیل سے مستحکم کرنے کی کوشش کی کہ آپ مادی قدروں کو اہمیت دیے بغیر مادے کی ترقی کے بارے میں سوچ ہی کیسے سکتے ہیں۔

خوشی کی بات ہے کہ راولپنڈی کی اس تقریب میں موجود پاکستانی دانشور یہ سب کچھ سنکر خاموش نہیں رہے بلکہ انہوں نے ڈاکٹر وائفل پر سوالات کی بوچھاڑ کر دی۔ انہوں نے امریکی دانشور کو واضح طور پر بتایا کہ سائنس اور ٹیکنالوجی ہمارے مذہبی عقائد سے متصادم نہیں ہوتے بلکہ ہمارے لیے تو ان علوم کا حصول مذہبی طور پر بھی ضروری ہے۔ ان پر واضح کیا گیا کہ ماضی میں مسلمان سائنس دان پوری دنیا کے لیے مشعلِ راہ بنے تھے مگر انہیں اپنے مذہبی عقائد اور اپنے ثقافتی تصورات سے دست کش ہونے کی ضرورت محسوس نہیں ہوئی تھی۔ اس کے بعد ڈاکٹر وائفل سے استفسار کیا گیا کہ اگر آپ کا ارشاد درست ہے تو پھر کیا سبب ہے کہ چین نے مغربی تہذیب و ثقافت کو اپنائے بغیر

سائنس اور ٹیکنالوجی کے میدان میں بے پناہ ترقی کی ہے؟ ڈاکٹر صاحب نے جواب میں کہا کہ چین کے بارے میں وہ زیادہ نہیں جانتے اور ویسے بھی وہ چین کی سائنسی اور ٹیکنیکل ترقی کو تسلیم نہیں کرتے۔ یہ طرزِ فکر کسی ایسے شخص کو زیب نہیں دیتا جسے دانشوری کا بھی دعوٰی ہو اور جو اسی براعظم کے لوگوں کو اپنی ثقافت ترک کرنے کا مشورہ دینے آیا ہو جسکا ایک بہت بڑا حصہ چین کے نام سے موسوم ہے۔ اگر امریکہ سیاسی طور پر چین کو تسلیم نہیں کرتا اور اقوامِ متحدہ میں چین کی رکنیت کے مسئلے کو اس نے اپنی انا کا مسئلہ بنا رکھا ہے تو امریکہ کے دانشوروں پر یہ کیسے لازم آتا ہے کہ وہ بھی سائنس اور ٹیکنالوجی کے میدان میں چین کی حیرت انگیز ترقی کے بارے میں نہ صرف لاعلمی کا اظہار کریں بلکہ اس حقیقت کو تسلیم کرنے سے بھی محض اس لیے انکار کر دیں کہ جب ہم سیاسی لحاظ سے چین کو تسلیم نہیں کرتے تو ثقافتی لحاظ سے اس کی ترقی کو تسلیم کرنے کا سوال کہاں پیدا ہوتا ہے۔ یہ اندازِ نظر اس ملک کے اربابِ علم کو کسی صورت زیب نہیں دیتا جسے "آزاد" دنیا کا سربراہ قرار دیا جاتا ہے اور جس کے بارے میں سنا ہے کہ وہاں تقریر، تحریر اور عقیدے کی آزادی اوجِ کمال پر پہنچی ہوئی ہے۔ اگر چین کے بارے میں ڈاکٹر وائفل کے اس ارشاد کو اس اوج کا اظہار قرار دیا جائے تو ہمیں افسوس ہے کہ امریکہ میں ان بنیادی آزادیوں کی کوئی اچھی تصویر ذہن میں نہیں ابھرتی۔ اس لیے کہ ذہنی تعصبات آزادی کی بجائے آزادی کا ناجائز استعمال ہوتے ہیں۔ ڈاکٹر وائفل نے چین کے بارے میں بے خبری کا اظہار کرنے کے بعد جاپان کی مثال پیش کی کہ دیکھئے اس نے مغربی ثقافت کو اپنا کر سائنس اور ٹیکنالوجی کے میدان میں کتنی ترقی کی ہے۔ پاکستانی دانشوروں کی طرف سے انہیں فوراً مطلع کیا گیا کہ جاپان میں مغرب کے ثقافتی تصورات کا نفوذ تو اب شروع ہوا ہے ورنہ جاپان نے تو اس سے پہلے ہی سائنس اور ٹیکنالوجی کے میدان میں مغرب سے اپنا لوہا

منوا لیا تھا۔ اور جاپان کی مادی ترقی تو مغرب کی مادہ پرستی کی درآمد سے پہلے ہی شروع ہو چکی تھی۔ اگر ڈاکٹر وائفل کو پاکستانی دانشوروں کی طرف سے اس "انکشاف" پر اب بھی شبہ ہو تو ہم انھیں بعض تفاصیل سے مطلع کرنا چاہیں گے۔ عرض یہ ہے کہ جاپان میں مغرب کے ثقافتی تصورات کا نفوذ اگست 1945ء میں شروع ہوا تھا۔ یہ وہ مہینہ ہے جب امریکہ نے جاپان کے دو شہروں ہیروشیما اور ناگاساکی پر تاریخِ انسانی کے پہلے ایٹم بم گرائے تھے اور اسی مہینے امریکی اور برطانوی افواج نے جاپان پر قبضہ کر لیا تھا۔ مغربی ثقافت کے تصورات کے نفوذ کی تاریخ یہیں سے شروع ہوتی ہے اور پرل ہاربر کا حادثہ اس سے چار سال پہلے کا ہے۔ پھر ہم سمجھتے ہیں کہ اگر جاپان پر مغربی ثقافت مسلط نہ کر دی جاتی تو سائنس اور ٹیکنالوجی میں جاپان کی ترقی کی رفتار اتنی تیز ہوتی کہ امریکہ کے سے ملک بھی اس سے پیچھے رہ جاتے۔ یہ مغربی ثقافت کا نفوذ تو جاپان کی مادی ترقی کی راہ میں ایک بہت بڑی رکاوٹ ثابت ہوا ہے۔

جب ملک سے اس کی ثقافت چھن جاتی ہے تو اس کا مطلب یہ ہوتا ہے کہ اس ملک کی بے ساختگی چھن گئی ہے۔ اپنی ثقافت انسان کو ایک ایسا ماحول مہیا کرتی ہے جس سے وہ پوری طرح مانوس ہوتا ہے اور جب تک مانوس ماحول میسر نہ ہو، انسان کو اپنے ہاتھ پاؤں بلکہ اپنا دماغ تک استعمال کرنے میں رکاوٹ محسوس ہوتی ہے۔ یہی وجہ ہے کہ اجنبی ماحول میں بڑ بولے گونگے ہو کر رہ جاتے ہیں۔ اور بے چین مزاج کے لوگوں پر جامد ہونے کا گمان ہونے لگتا ہے۔ قوموں کی انفرادی ثقافتوں کا مطالعہ کیجیے تو صاف معلوم ہو گا کہ یہ ثقافتیں قوم کے افراد کو فکر و عمل کی چند سہولتیں مہیا کرتی ہیں۔ پھر ہر قوم کی ثقافت اس قوم کے خاص مزاج کے مطابق ہوتی ہے۔ اس کے علاوہ ثقافتوں کی صورت پذیری کا عمل غیر محسوس ہوتا ہے۔ محبت کی طرح یا زبان کی طرح ثقافت بھی کہیں اوپر سے ٹھونسی

نہیں جا سکتی بلکہ اس کی جڑیں انسانوں کے محسوسات اور تصورات میں ہوتی ہیں۔ اور یہ "اشجار" اسی "مٹی" میں پھولتے پھلتے ہیں۔ یہی وجہ ہے کہ ثقافتیں مشینوں کی طرح درآمد برآمد نہیں ہوتیں۔ وہ ان ثقافتوں سے متاثر ضرور ہوتی ہیں جن سے ان کی مڈ بھیڑ ہوتی ہے مگر یہ اثرپذیری یک طرفہ نہیں ہوتی۔ یک طرفہ اثرپذیری کا خیال صرف ان ذہنوں میں پیدا ہو سکتا ہے جو اپنی ثقافت کی برتری کے دعویدار ہوتے ہیں اور یوں غیر شعوری طور پر فسطائیت کی زد میں آجاتے ہیں۔ امریکہ کے ڈاکٹر وائفل نے اگر ہمیں سائنسی اور ٹیکنیکل ترقی کے لیے اپنی ثقافت کو ترک کر دینے اور مغربی ثقافت کو اپنا لینے کا مشورہ دیا ہے تو اس کا مطلب یہ ہے کہ وہ غیر محسوس طور پر ہی سہی، یورپ کی اس نو آبادیاتی ذہنیت کے شکار ہیں جو ایشیا اور افریقہ کو ہر لحاظ سے کمتر اور نالائق سمجھتی ہے۔ یہ اندازِ فکر خود ڈاکٹر وائفل کی ثقافت کا کوئی اچھا ثبوت نہیں ہے کیونکہ اسطرح تو یوں محسوس ہوتا ہے جیسے اب مغرب سیاسی شکست کے بعد ثقافتی سطح پر "سورت" میں اپنی "کوٹھیاں" بنانے نکلا ہے۔

سوال یہ ہے کہ مغرب کے دانشوروں کو ہمارے ہاں آکر ایسی باتیں کرنے کا حوصلہ ہی کیسے ہوتا ہے؟ تنقید کو برداشت کرنا یقیناً بڑی فراخدلی کا کام ہے مگر تنقید کا بھی ایک معیار ہوتا ہے۔ اس معیار سے ہٹ کر جو تنقید کی جاتی ہے وہ تنقیص کہلاتی ہے اور یاد رہے کہ نقائص نکالنے اور گندگی اچھالنے سے زیادہ آسان کام آج تک کسی کو سوجھا ہی نہیں۔ پھر مغرب سے آنے والے ہمارے یہ نقاد شاید اس حقیقت سے بے خبر ہیں یا بے خبر رہنا چاہتے ہیں کہ پاکستان کی بنیاد ہی اہلِ پاکستان کی تہذیبی اور ثقافتی انفرادیت پر ہے۔ ہم نے اپنے عقائد، اپنی تہذیب اور اپنے ثقافتی تصورات کے مطابق اپنی زندگیوں کو ڈھالنے کے لیے یہ خطۂ زمیں حاصل کیا ہے۔ چنانچہ جب ڈاکٹر وائفل کے سے مغربی دانشور ہمیں اپنے

ثقافتی تصورات کو ترک کر دینے کا مشورہ دیتے ہیں تو اسطرح وہ ہمارے وجود کی بنیاد پر ضرب لگانے کا مرتکب ہوتے ہیں۔ اس قسم کے مشورے اس صورت میں بالکل بے معنی ہو جاتے ہیں جب ہم اس امر پر غور کرتے ہیں کہ مغرب کی مادی ترقی دراصل ایشیا اور افریقہ کے ظالمانہ استحصال سے کشید کی گئی ہے۔ ایک لمحے کے لیے فرض کیجیے کہ یورپ کو ایشیائی ممالک پر کبھی تسلط حاصل نہیں رہا۔ تب نہایت آسانی سے اس مغرب کا تصور کیا جا سکتا ہے جو غریب ہے اور جس کے شب و روز دو وقت کی روٹی مہیا کرنے کی تگ و دو میں صرف ہو جاتے ہیں۔ اس صورت میں امریکہ میں یورپی آبادی کا انتقال بھی مشکوک ہو جاتا ہے اور وہ براعظم وہاں کے اصل باشندوں کے قبضے میں چلا جاتا ہے۔ اب جو مغرب ہمارے سامنے آتا ہے وہ اس مغرب سے سراسر مختلف ہے جس نے افریشیائی ممالک کے استحصال کے بعد اپنے رخساروں میں سرخی پیدا کی اور شکم پری کی طرف سے مطمئن ہو کر سائنس اور ٹیکنالوجی کی سمت متوجہ ہونے کا وقت نکال لیا۔ کیا ڈاکٹر وائفل نے اپنی ثقافت کے اس پہلو پر بھی غور کیا ہے؟

یہ درست ہے کہ اوہام سائنٹیفک ترقی کی راہ میں بری طرح مزاحم ہوتے ہیں مگر کیا اوہام صرف مشرق میں پائے جاتے ہیں؟ کیا مغرب کا معاشرہ اوہام سے قطعی طور پر آزاد ہے؟ جہاں تک ہماری معلومات کا تعلق ہے، مغربی معاشرے میں اب تک ایسے اوہام موجود ہیں جن کا ذکر آج کے مشرق میں سامانِ تضحیک بن جائے، اس کے باوجود اگر مغرب نے ٹیکنالوجی کے میدان میں ترقی کی ہے تو اس کی وجہ وہاں کے ثقافتی تصورات کی حقیقت پرستی نہیں بلکہ یہ تو تاریخ کا ایک حادثہ ہے۔ رہی یہ بات کہ مادی قدروں کو اہمیت دیئے بغیر مادے کی ترقی کے بارے میں سوچا ہی نہیں جا سکتا تو یہ ایک ایسا مبحث ہے جو بہت تفصیل چاہتا ہے۔ اور شاید مجھ ایسا آدمی جو صرف شاعر اور افسانہ نگار ہے، اس مبحث

سے انصاف بھی نہیں کر سکتا۔ مادے کے وجود سے کوئی منکر نہیں ہے۔ یہ بھی طے ہے کہ پوری کائنات مادے ہی کی کار فرمائی ہے۔ ہم یہ بھی مان لیتے ہیں کہ مادے کے اپنے خواص ہیں اور انہی خواص کی برکت سے مادے میں حرکت ہے اور نئی سے نئی صورت پذیری کی قوت ہے۔ شاید کسی بھی قوم کے ثقافتی تصورات مادے کی مکمل نفی سے نہیں ابھرتے۔ جھگڑا صرف اس صورت میں پیدا ہوتا ہے کہ مغرب مادے کو مطلق العنان مانتا ہے۔ مگر مشرق کے اہلِ مذہب مادے کو ایک اور قوت کی۔۔۔۔۔۔۔۔جو کائنات کی سب سے بڑی قوت ہے۔۔۔۔۔۔۔۔ تخلیق قرار دیتے ہیں۔ اور بیشتر کا ایمان ہے کہ کائنات میں مادہ جو کچھ کر رہا ہے وہ ایک نظم سے کر رہا ہے اور یہ نظم ایک ایسے منتظم کے ہاتھ میں ہے جس کی اجازت کے بغیر ایک پتا تک نہیں ہل سکتا۔ عقائد کی نوعیت کچھ بھی ہو مگر کوئی بھی اس پر معترض نہیں ہو سکتا کہ ہم پہاڑوں کو کھود کر معدنیات تک پہنچیں یا ایٹم کو توڑ کر اس سے قوت وحدت حاصل کریں یا خلا میں ابھر کر ناپید اکنار وسعتوں تک پھیلے ہوئے کروں کے اسرار معلوم کریں۔ اگر ڈاکٹر وائفل کو کسی نے یہ بتایا ہے کہ اہلِ پاکستان کا عقیدہ پاکستان کی ٹیکنیکل ترقی میں حائل ہے تو غلط بتایا ہے۔ ہمارا "قصور" صرف یہ ہے کہ ہم ایٹمی ری ایکٹر کا آغاز بھی بسم اللہ الرحمن الرحیم پڑھ کر کرتے ہیں۔

ڈاکٹر وائفل کی اس تقریر کی رپورٹ پاکستان کے سب اخباروں میں شائع ہوئی مگر حیرت ہے کہ کسی نے اس کا کماحقہ نوٹس نہیں لیا۔ یہ ایک عجیب بات ہے کہ جب کوئی شخص ارضِ پاکستان کی تاریخ کو موہن جوڈرو سے بھی قبل کے زمانے سے شروع کرتا ہے تو ہم سب بے قرار ہو جاتے ہیں کہ یہ کیا کفر بک رہا ہے۔ مگر جب مغرب کا ایک دانشور ہماری ثقافت کو بیسویں صدی کے تقاضوں کی نفی قرار دے ڈالتا ہے تو ہم چپ سادھ لیتے ہیں۔ اس کی ایک وجہ تو یہ ہو سکتی ہے کہ مغرب کے معاملے میں ہم اب تک احساسِ

کمتری کے شکار ہیں (جیسا کہ مغرب ہمارے معاملے میں احساسِ برتری کا شکار ہے اور ڈاکٹر وائفل نے اس کا ثبوت مہیا کر دیا ہے۔) ہم اپنے بارے میں مغرب سے آج بھی بڑے سے بڑا جھوٹ سن کر اس سوچ میں کھو جاتے ہیں کہ کہیں یہ سب سچ تو نہیں ہے۔ اس احساسِ کمتری سے ہمیں جلد سے جلد پیچھا چھڑانا چاہیئے کہ یہ طرزِ فکر ہمیں آئندہ صدیوں تک ذہنی لحاظ سے مغرب کا محکوم بنائے رکھے گا۔ دوسری وجہ یہ ہو سکتی ہے کہ ہم بڑے مہمان نواز اور فراخ دل لوگ ہیں اور مہمانوں کی عزت کرتے اور اپنی تنقید خندہ پیشانی سے سنتے ہیں۔ ہماری ثقافت کا یہ پہلو قابلِ فخر ہے۔ لیکن مجھے یہ عرض کرنا ہے کہ جب اپنی ثقافت کے وقار کا مسئلہ درپیش ہو تو ہمیں تھوڑا سا "متعصب" ضرور ہونا چاہیئے۔ اور میں راولپنڈی کے دانشوروں کو داد دیتا ہوں کہ انہوں نے اس مقدس "تعصب" کا برسرِ عام مظاہرہ کیا۔ یہ "تعصب" دراصل اپنی روایتوں اور اپنی قدروں سے پیار کا دوسرا نام ہے۔ ہمیں اہلِ مغرب کو بتا دینا چاہیئے کہ یقیناً ہمارے ثقافتی تصورات اور اخلاقی قدریں فولاد سے نہیں بنی ہیں، ان میں بلا کی لچک ہے اور ہم "خذما صفاودع ماکدر" کے اصول پر ہمیشہ سے کاربند ہیں، البتہ ہم اپنی قومی اور تہذیبی اور ثقافتی انفرادیت پر فخر کرتے ہیں اور اس انفرادیت کی حفاظت کرنا جانتے ہیں۔

(۱۰) سائنس کے اثبات کے لیے شاعری کی نفی کیوں؟

(نومبر 1969ء)

آج کل ایک مسلمان سائنسدان، ابن الہیثم کا ہزار سالہ جشن منایا جارہا ہے۔ اس کے بارے میں ہمیں بتایا گیا ہے کہ "وہ مسلمانوں میں سب سے بڑے طبیعات دان تھے۔ کیمرے اور خوردبین کا راز سب سے پہلے اسی نے معلوم کیا تھا۔ اس نے چار سو سائنسی کتابیں لکھیں جن میں سے صرف چند کے لاطینی ترجمے محفوظ ہیں۔ روشنی اور بصارت کے تمام حقائق اور علوم کی بنیاد ابن الہیثم ہی کی تحقیق پر رکھی گئی ہے۔ اور چٹانوں کی ساخت اور عمر معلوم کرنے کے آج جو طریقے رائج ہیں وہ بھی اسی کے تجربات کا نتیجہ ہیں۔" بڑی خوشی کی بات ہے کہ ہماری توجہ قدیم مسلمان مفکرین اور ان کے نظریات کی طرف مبذول کرائی جارہی ہے اور یوں اس یقین کو ثبوتوں کے ساتھ پختہ کیا جارہا ہے کہ ہمارا علمی و تہذیبی ماضی شاندار رہے۔ مگر اس مبارک مقصد کے لیے یہ قطعی ضروری نہیں ہے کہ ہم علوم کے ایک شعبے کی برتری کو نمایاں کرنے کی خاطر علوم کے ایک اور شعبے کو غیر اہم اور بیکار قرار دے ڈالیں۔ علوم ہمیشہ ایک دوسرے کے سہارے چلتے ہیں۔ یہ کبھی نہیں ہوا کہ کوئی علم دوسرے تمام علوم سے کٹ جانے کے بعد زندہ رہ سکا ہو۔ چنانچہ سائنس تک کے بارے میں اب عام خیال یہ ہے کہ یہ انسان کی اسی متخیلہ سے قوت حاصل کرتا ہے جسکا بہترین اور حسین ترین اظہار شاعری اور دوسرے تخلیقی ادب میں ہوتا ہے۔ اس صورت میں ہمیں کراچی کے ایک معاصر میں ابن الہیثم کے کارناموں کے

بارے میں لکھے ہوئے ایک عالمانہ مقالے کے یہ جملے کچھ عجیب سے لگے۔

"ذہنی پراگندگی ہماری تہذیب (دورِ حاضر کی تہذیب) کا خاصہ ہے۔ ہمارے اسلاف ارتکازی قوت سے آراستہ تھے اور قوتِ ارتکاز اس وقت تک حاصل نہیں ہو سکتی جب تک ہمارے اذہان اس آلودگی سے پاک نہ ہو جائیں جو بیرونی تمدنوں نے ہمارے اندر پیوست کر دی ہے۔ حصول علم و ترقی کے لیے لازمی ہے (؟) لیکن اس سے یہ معنی اخذ کرنا کیسے صحیح ہو سکتا ہے کہ ہم مغربی تمدن کا تمام تر بوجھ اپنے سر منڈھ لیں۔ اس کا کا نقصان ناقابلِ تلافی حد تک پہنچ چکا ہے اور آئندہ مہلک بھی ثابت ہو سکتا ہے۔ سب سے عظیم نقصان جو ہمارے اذہان کو پہنچا ہے وہ منفی رہا ہے۔ ہم نے اپنی تخلیقی قوت سائنس کے بجائے شاعرانہ غرابت میں صرف کی۔ جہاں الفاظ کے سحر کو ہم کارآمد بنا سکتے تھے وہ سحر ہم نے قصیدہ خوانی کی نظر (نذر) کر دیا۔ غرض کہ ہر جگہ تخلیقی قوتوں کا اسراف ہی اسراف نظر آتا ہے۔ اس کے نتیجے میں ہم تقدیری نظریات کے تابع ہو گئے اور ہمارے اوپر آرام طلبی کا غلبہ ہو گیا۔ یہی کیفیت قدرے یونانی تہذیب کی تھی جو چوتھی صدی عیسوی میں ختم ہو گئی۔"

میں نے یہ طویل اقتباس اس لیے درج کیا کہ مجھ پر عبارت کو اس کے سیاق و سباق سے الگ کر کے اس کا جائزہ لینے کا الزام عاید نہ ہو سکے۔ ورنہ دراصل مجھے حیرت اس اقتباس کے آخری چند جملوں پر ہے جو خط کشیدہ ہیں۔ سب سے آخری جملے ("یہی کیفیت قدرے یونانی تہذیب کی تھی جو چوتھی صدی عیسوی میں ختم ہو گئی۔") سے متعلق اربابِ علم و فضل ہی بہتر طور پر بتا سکتے ہیں کہ اسلامی تہذیب اور یونانی تہذیب کے علمی اور تخلیقی زوال کے درمیان کونسی قدر مشترک ہے اور کیا سقراط، ارسطو اور افلاطون کی تہذیب واقعی ختم ہو چکی ہے۔ اور مسلمان علماء کے کارنامے سچ مچ زوال اور گمنامی کی نذر ہو

چکے ہیں؟ بہر حال یہ مبحث دوسرا ہے۔ مجھے تو صرف اتنی سی عرض کرنا ہے کہ اگر ہمارے اسلاف نے شاعری کی تو کیا انھوں نے اسلامی تہذیب میں اضافے کئے یا اس شاعری کا صرف یہ نتیجہ نکلا کہ سائنس اور سائنسی تحقیق کے ساتھ مسلمانوں کی دلچسپی ختم ہوگئی؟ کیا ہمیں سائنسی تحقیق سے غیر متوجہ کرنے والے عناصر میں صرف شاعری ہی دکھائی دیتی ہے یا اس میں ملوکیت کا بھی ہاتھ تھا اور ان لوگوں کا بھی جو سائنسی انکشافات اور ایجادات کو کفر قرار دینے سے بھی نہیں ہچکچاتے تھے؟ کہیں اس میں امراء و روساء کی تن آسانیوں اور عیش پرستیوں کو تو دخل حاصل نہیں تھا؟ اور کہیں اس کی وجہ یہ تو نہیں کہ ہمارے اربابِ حکومت نے سائنسی علوم کو عوام کی خود آگاہی کا ایک ذریعہ سمجھ کر انکی حوصلہ شکنی شروع کر دی تھی؟ کیا اتنے بہت سے مجرموں کی نشاندہی محض اس لیے مشکل ہے کہ تاریخ نے ان امراء و روساء کو ہمارے ہیرو بنا کر انہیں ہمارے ذہنوں پر مسلط کر رکھا ہے۔ اور کیا صرف شاعری اور الفاظ کی سحر کاری پر سارا الزام تھوپ دینا اس لیے آسان ہے کہ تخلیقِ شعر کرنے والی مخلوق میں قلندرانہ صفات ہوتی ہیں اور شعراء پورے فنِ شاعری کی یہ تضحیک بھی محض اس لیے برداشت کر لیتے ہیں کہ انہیں اس حقیقت کا یقین ہے کہ جب تک انسان زندہ ہے، شاعری بھی زندہ ہے اور جس روز شاعری سے دست کش ہوگا اسی روز روحانی اور محسوساتی حیثیت سے اس کا انتقال ہو جائے گا، صرف جسم زندہ رہیں گے، جس طرح ڈھور ڈنگر زندہ رہتے ہیں۔

بلاشبہ بعض شعراء نے اپنی پوری قوتِ تخلیق قصیدہ گوئی پر صرف کر دی مگر ایسے حضرات کی تعداد آخر کتنی ہے۔ یقیناً وہی شعراء اکثریت میں ہیں جنہوں نے اول تو قصیدہ گوئی کی نہیں اور اگر کی تو محض رسماً کی، جیسے آجکل بعض شعراء محض رسماً آزاد نظم کہہ لیتے ہیں۔ پھر قصیدہ گوئی آج ہماری نظروں میں مطعون و مقہور سہی اور اب یقیناً اس

صنفِ سخن کی گنجائش حتمی طور پر ختم ہو چکی ہے۔ مگر جس زمانے میں بڑے بڑے قصیدہ نگار پیدا ہوئے اس زمانے کے تقاضے ہی کچھ اور تھے کہ شاعر شاہ کے قصیدے لکھتے تھے اور سائنسدان شاہ کے شبستان کو مستور روشنیوں کی مدد سے اجالنے میں لگے رہتے تھے۔ یوں قصور نہ شاعر کا ہے نہ سائنسدان کا بلکہ اس مطلق العنان ادارے کا ہے جس نے افراد کی تخلیقی قوتوں پر اپنی حکمرانی کا جھنڈا لہرا رکھا تھا۔ آج بیشتر اہلِ قلم کا ذریعہ معاش انکی قلمکاری ہے لیکن قصیدہ گوئی کے دور میں وہ تخلیق کار اپنے اہل و عیال کا پیٹ پالنے کے لیے قصیدے نہ لکھتے تو اور کیا کرتے۔ پھر جو علم دوست اربابِ ثروت شعرا کی تخلیقی قوتوں کو تنومند رکھنے کے لیے ان کے وظائف مقرر کرتے تھے، انکی علم دوستی کی تعریف میں اس زمانے کے شعرا نے اگر شاعری کی تو یہ سمجھ میں نہ آسکنے والی بات نہیں ہے۔ آج ہم کہہ سکتے ہیں کہ وہ ذریعہ معاش کے طور پر نمک مرچ کی دکان کھول لیتے مگر قصیدے نہ لکھتے تو بڑا اچھا کام کرتے اور صرف اس لیے کہہ سکتے ہیں کہ ہمارے آج کے معیار مختلف ہیں لیکن کیا اس طرح ہم سینکڑوں مسلمان شعراء کی ان نگارشات سے محروم نہ رہ جاتے جنہیں ہم اپنی تہذیب کا اثاثہ اور اپنی ثقافت کا سرمایہ قرار دیتے ہیں؟ پھر قصیدہ اپنی نوعیت کے لحاظ سے ناپسندیدہ صنفِ سخن سہی مگر جس دور کو ہم دورِ قصائد قرار دے سکتے ہیں اس کے چند منتخب قصائد کا غیر جانبداری سے مطالعہ کیجیئے تو معلوم ہو گا کہ انسان کی قوتِ متخیلہ یہاں کتنے عروج پر ہے۔ انسانی ذہن ان قصائد کے دوران کتنی ان دیکھی دنیاؤں کی ٹھوس صورت ہمارے سامنے لا کھڑا کرتا ہے، اور کتنی غیر مرئی چیزوں کو محسوس شکل بخشتا ہے، جیسے ہم چاہیں تو انہیں چھولیں۔ بظاہر قصائد نگاروں کی یہ سب معجزہ نمایاں بیکار نظر آتی ہیں، لیکن اگر اس حقیقت کا ادراک حاصل ہو کہ متخیلہ میں تحریک و تلاطم پیدا کئے بغیر انسانی ارتقاء ممکن ہی نہیں تو پھر ہم نہایت آسانی سے ان

شعراء کی شاعری کو اپنی تہذیبی قوت کا ایک اہم کارنامہ قرار دے سکتے ہیں۔ یہاں میں قصیدہ نگاری کا جواز نہیں پیش کر رہا ہوں بلکہ یہ گزارش کر رہا ہوں کہ جس زمانے میں قصیدہ نگاری شاعری کی ضرورت تھی تو اس زمانے میں بھی شاعروں نے قصیدہ نگاری تک میں پرواز اور کرید کے عناصر بھر دیئے تھے اور انہوں نے الفاظ کو بیچ کر بھی ان سے ان کا مثبت سحر نہیں چھینا تھا اور یہ صورتِ حال تخلیقی قوتوں کا اسراف نہیں، اثبات ہے۔

دراصل اِس زمانے میں یہ ایک فیشن سا بن چکا ہے کہ جب کسی ادبی شخصیت پر لکھو تو ادب کو بے شک قوم کی تہذیب کا مؤثر ترین ذریعہ قرار دے ڈالو۔ لیکن جب کسی سائنسی، ٹکنیکی یا اصطلاحی مسئلے پر بات کرو تو شعر و ادب کو خوب رگیدو اور اعلان کرو کہ قوم کو سائنسدانوں کی ضرورت ہے، شاعروں کی نہیں۔ قوم کو مشینیں تیار کرنے والے درکار ہیں مصرعے گھڑنے والے نہیں۔ ایسا کہتے ہوئے یہ کوئی نہیں سوچتا کہ روح کی تہذیب کرنا اور دماغ کو گداز کرنا اور دل میں وسعت پیدا کرنا اور حسن و محبت کی قدروں کو عام کرنا بھی بجائے خود ایک سائنس ہے اور جب تک کسی قوم کو اس کے شاعروں نے تہذیب و گداز نہ بخشے ہوں اس وقت تک اول تو وہ سائنس کے نت نئے انکشافات کے ناقابل رہے گی اور اگر سائنس کے نام پر اس نے کوئی کارِ نمایاں انجام دے بھی لیا تو اس کا وہی انجام ہو گا جو ہمارے زمانے میں جوہری قوت کا ہو رہا ہے کہ اس سے تعمیر سے زیادہ تخریب کا کام لیا جا رہا ہے۔ صحراؤں کو گلزار بنانے والی قوت بین البراعظمی ہائیڈروجن بم بردار مزائل تیار کرنے پر صرف ہو رہی ہے۔ یہ ذہن کے گداز کے فقدان اور تنگیِ دل و نظر کا کیا دھرا ہے اور یہی وہ مقام ہے جہاں شاعر کو اپنا منصب ادا کرنا ہے۔ بعض شعراء ایسا کر بھی رہے ہیں کہ جس نشتر کو جراحی کیلئے ڈھالا گیا تھا اسی سے انسانوں کو قتل کیا جا رہا ہے۔ تعمیری قوت کو سراسر تخریبی قوت میں بدلتا دیکھ کر شعراء چکرا گئے ہیں اور بے بسی

اور بے معنویت کے چنگل میں گرفتار ہیں، کیونکہ ہر باشعور انسان کو دیوانہ کر دینے والی صورتِ حال ہے۔ مگر میں جانتا ہوں کہ یہ کیفیت عارضی ہے۔ شاعر کا منصب ہی یہ ہے کہ وہ انسان کو انسان سے اور اس کی زندگی سے اور اس کی ننھی منی مسرتوں سے پیار کرنا سکھائے۔ وہ جانتا ہے کہ ہر چیز عارضی سہی مگر خود انسان اپنے تسلسل کہ وجہ سے، روزِ اول سے اب تک زندہ ہے اور ابد تک زندہ رہے گا۔ یقیناً یہ یقین اپنی انفرادیت کو دوسروں کی انفرادیتوں کا رفیق بنا کر ہی حاصل ہوتا ہے۔ مگر شعراء کیلئے یہ کوئی مشکل مرحلہ نہیں ہے وہ ہر قیامت میں سے زندگی کے ذرا ذرا سے ریزے چن کر زندگی کو پھر زندہ کر دیتے ہیں یہ انکا فرض بھی ہے اور انکی مجبوری بھی۔

سائنسی علوم کو یقیناً ترقی دیجئے مگر اہلِ علم کی خدمت میں استدعا ہے کہ شعراء کو اپنا حریف نہ سمجھئے۔ شعراء سب کے رفیق ہیں، اور اگر وہ حریف ہیں تو جہالت کے، تنگ دلی کے، بدہیئتی کے، بے انصافی اور عدل کشی کے، ظلم اور جبر کے۔ غرض کے وہ ہر اس چیز کے حریف ہیں جو زندگی کے حسن و صباحت کی حریف ہے۔ شاعروں نے سائنس کی راہ میں کبھی بند نہیں باندھا کہ سائنس تو ایک طرح سے مادیت کی شاعری ہے۔ شاعر تو سائنسدان کا رفیق ہے کہ دونوں کا اثاثہ انکی قوتِ متخیلہ ہے۔ ممکن ہے کہا جائے کہ یہ حسن و محبت کی شاعری اور یہ ہجر و وصال کے قصے سائنس کے کس کام کے، تو عرض یہ ہے کہ میں دوسروں کو مجرم کیوں ٹھہراؤں اور اپنا ہی ایک شعر کیوں نہ عرض کر دوں۔

کبھی گر جرم ٹھہرا تذکرہ حسن و محبت کا
تو کس کافر سے ملک و قوم کی بھی شاعری ہو گی

یہ حسن و محبت اور ہجر و وصال کی شاعری ذہنی عیاشی نہیں ہے۔ یہ انسانی زندگی کی رعنائیوں اور دھوپ چھاؤں کی کیفیتوں کی ترجمانی ہے۔ اس شاعری سے ہم اپنے حوالے

سے سب انسانوں کو سمجھنے لگتے ہیں۔ یہ انسانوں کے مابین پیارے پیارے رشتوں کی آگاہی کا علم ہے۔

ع۔ میں نے یہ جانا کہ گویا یہ بھی میرے دل میں ہے

جب شاعری کے سلسلے میں سبھی اسی طرح سوچنے لگیں تو یہ انسانی بھائی چارے کی معراج ہے۔ تو کیا انسانی بھائی چارے کی تبلیغ تخلیقی قوتوں کا اسراف ہے؟ اور کیا ہم اسی وقت ترقی یافتہ کہلائیں گے جب قوم کا ایک ایک فرد کسی نہ کسی سائنسی ایجاد میں مصروف ہو گا اور شعراء کو وطن بدر کر دیا جائے گا؟ تو کیا ہمیں چلتے پھرتے پتھر بننا منظور ہے؟ اور کیا شاعروں کی ایسی باتوں پر جھوم جانا اور کھو جانا اور پھر جذبہ و احساس کی ایک حقیقت کو پا لینا کوئی گھاٹا ہے کہ۔

پھونکا ہے کس نے گوشِ محبت میں اے خدا
افسونِ انتظار۔۔۔۔۔۔۔۔۔۔۔۔۔۔۔۔۔۔ تمنا کہیں جسے

* * *

منتخب نثر و نظم کا ایک مجموعہ

احمد ندیم قاسمی کی ادبی کائنات

مرتبہ : اعجاز عبید

بین الاقوامی ایڈیشن منظر عام پر آ چکا ہے